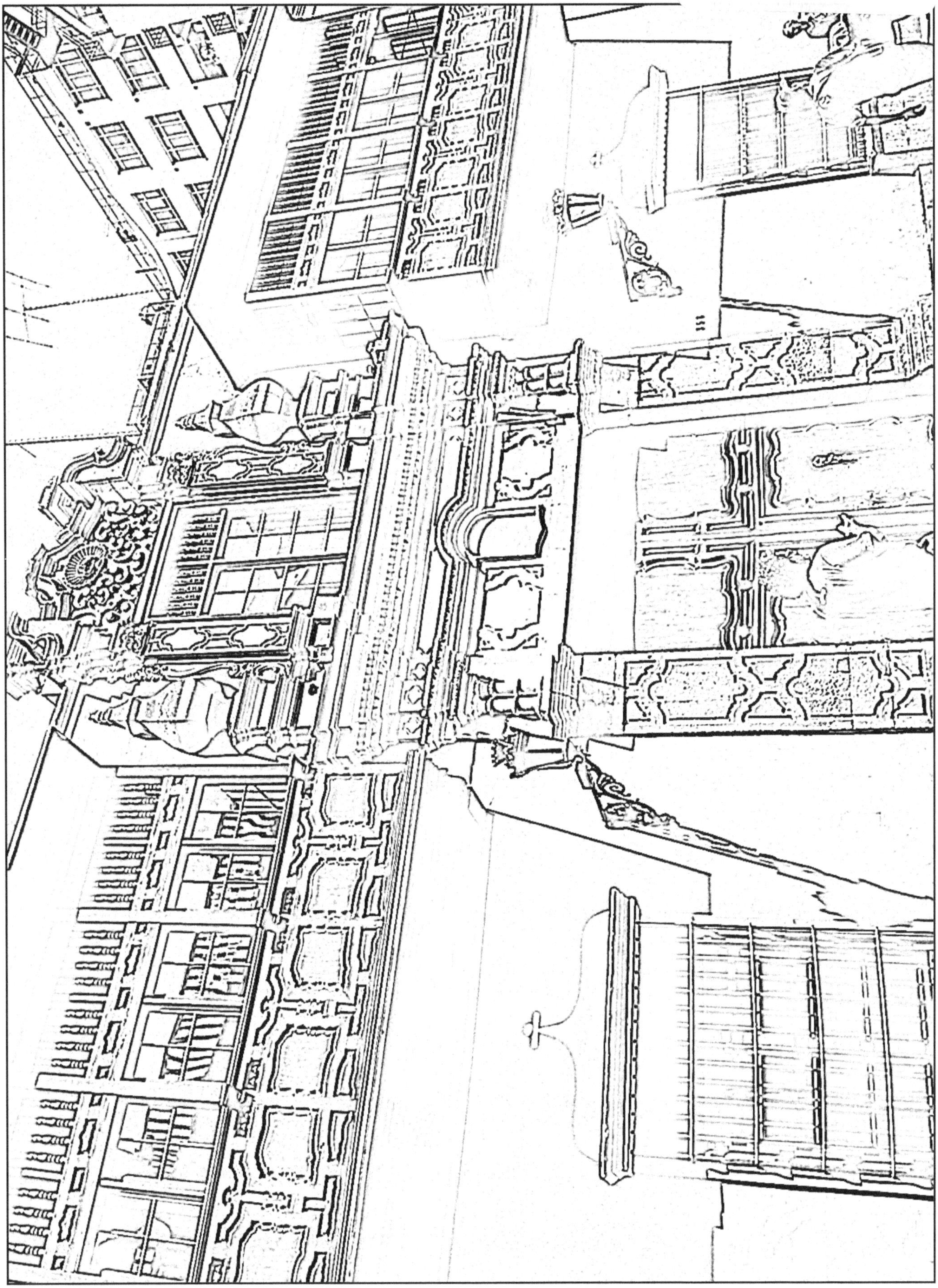

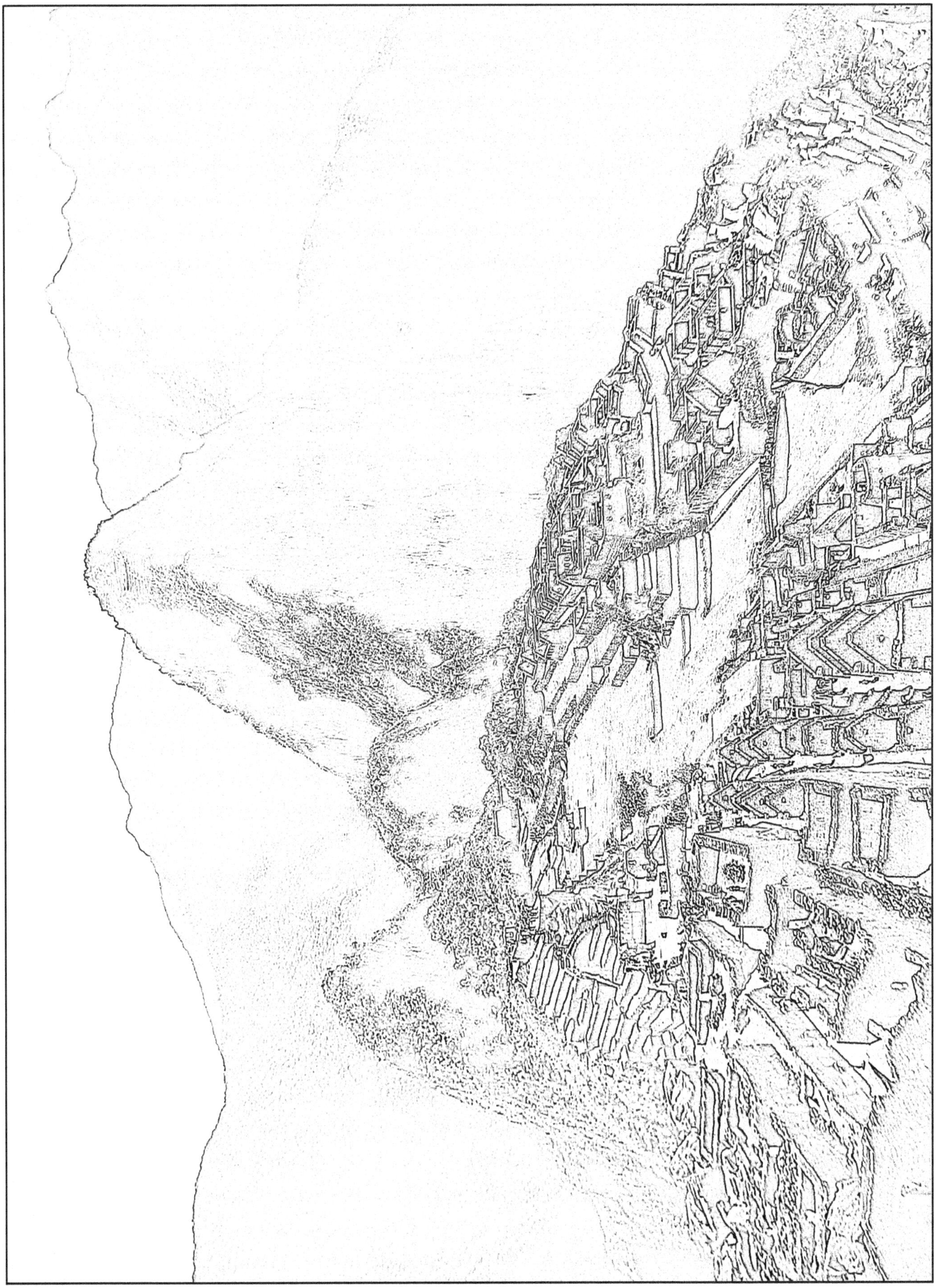

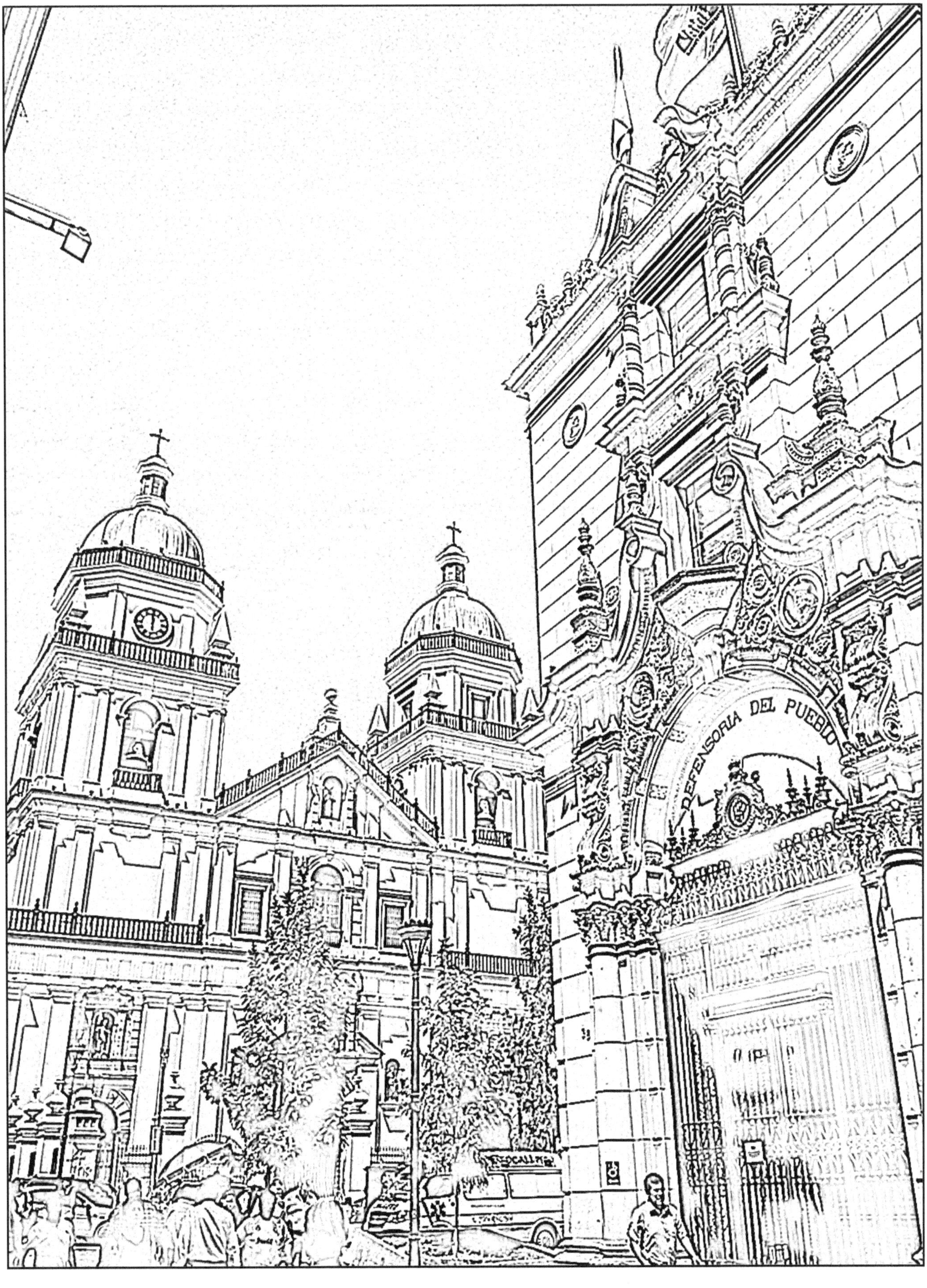
DEFENSORIA DEL PUEBLO

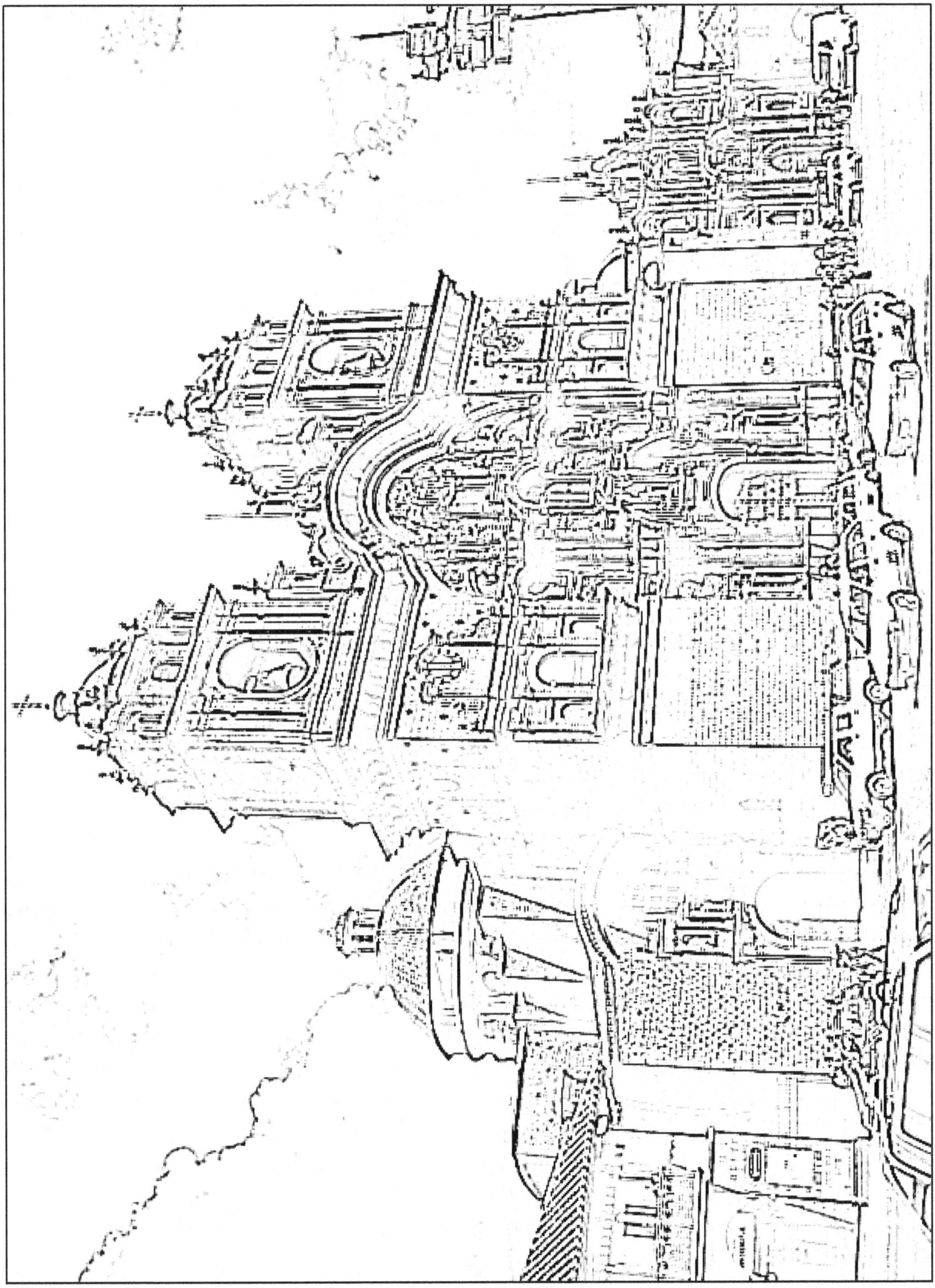

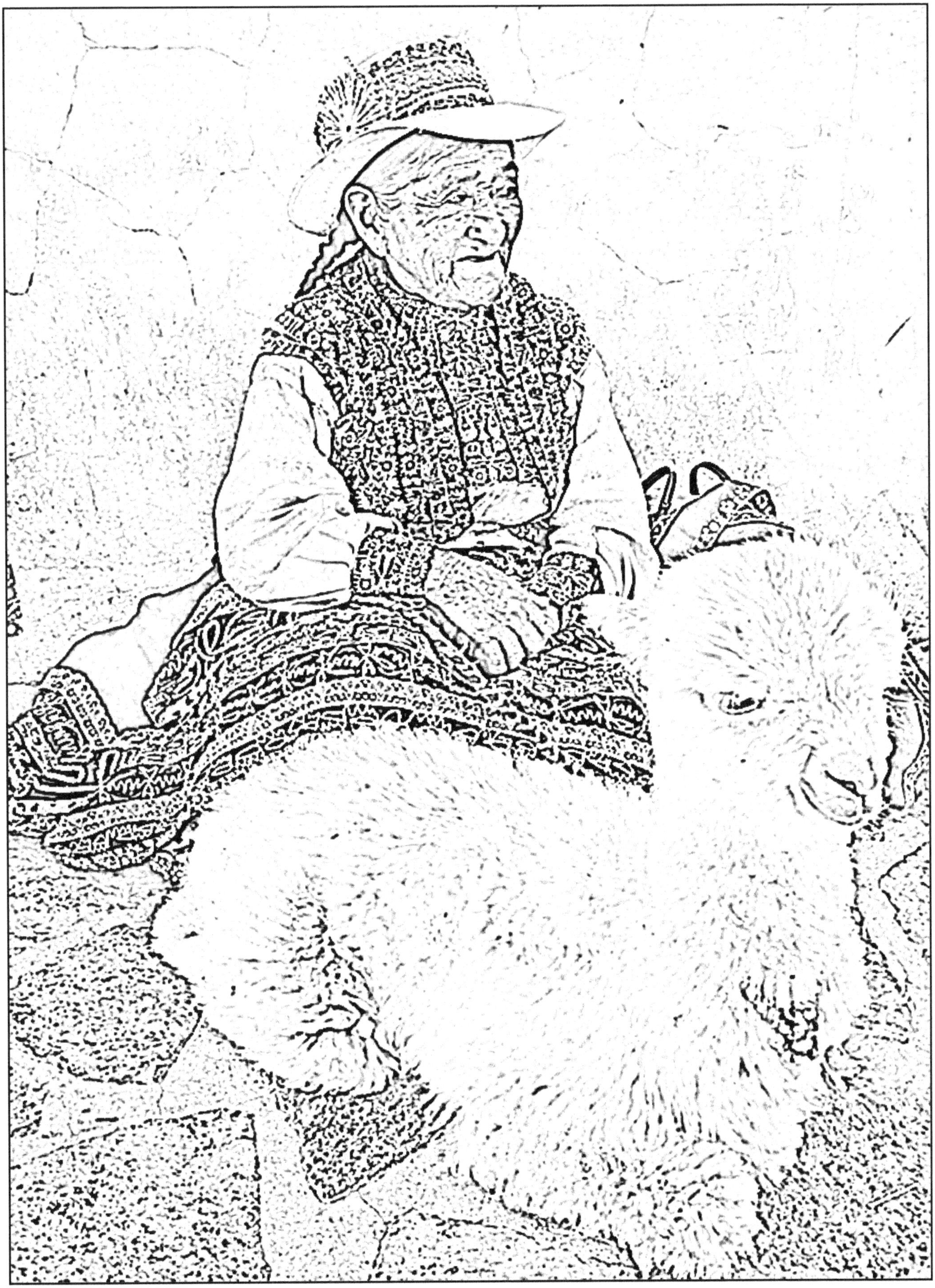

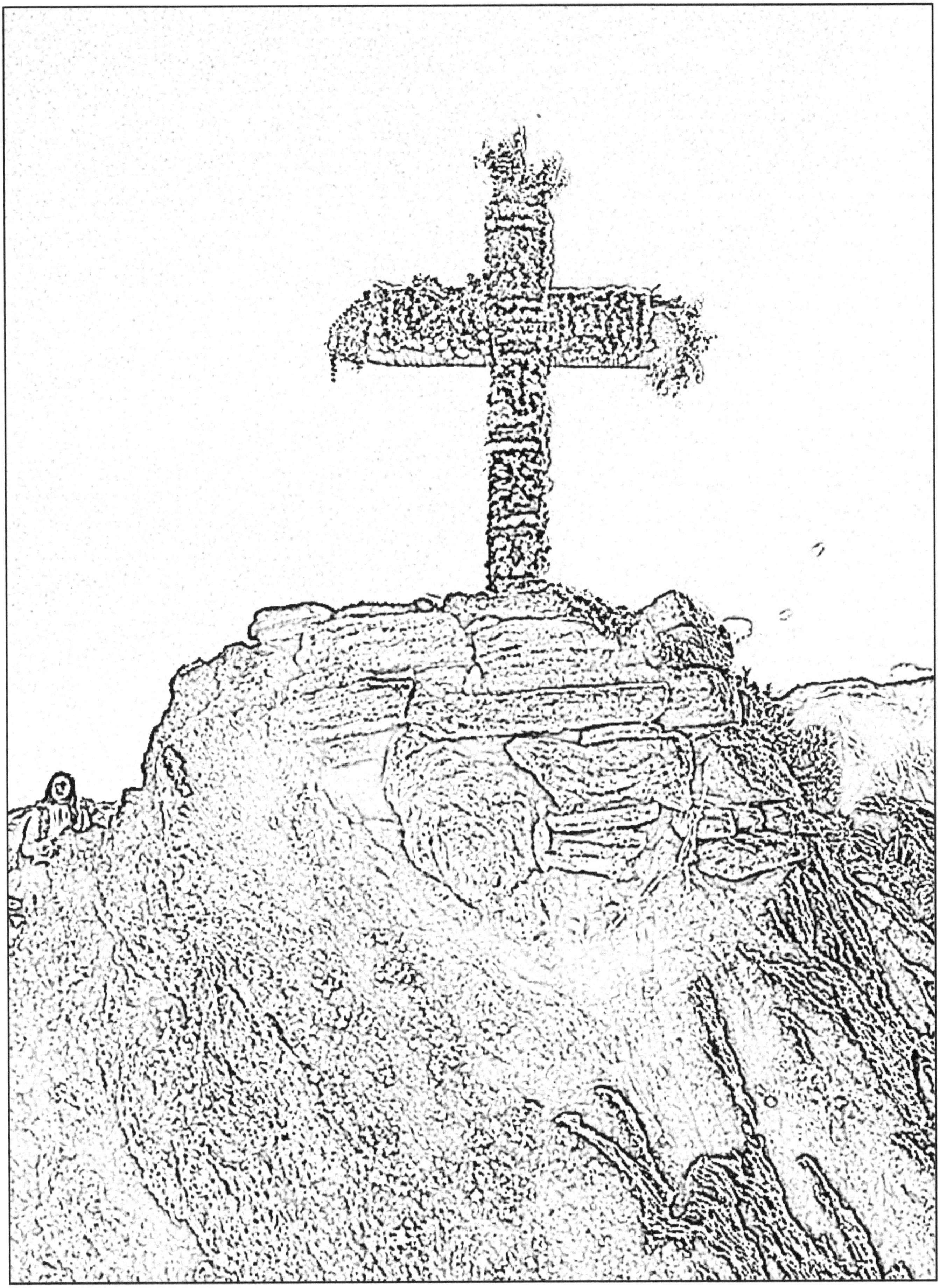

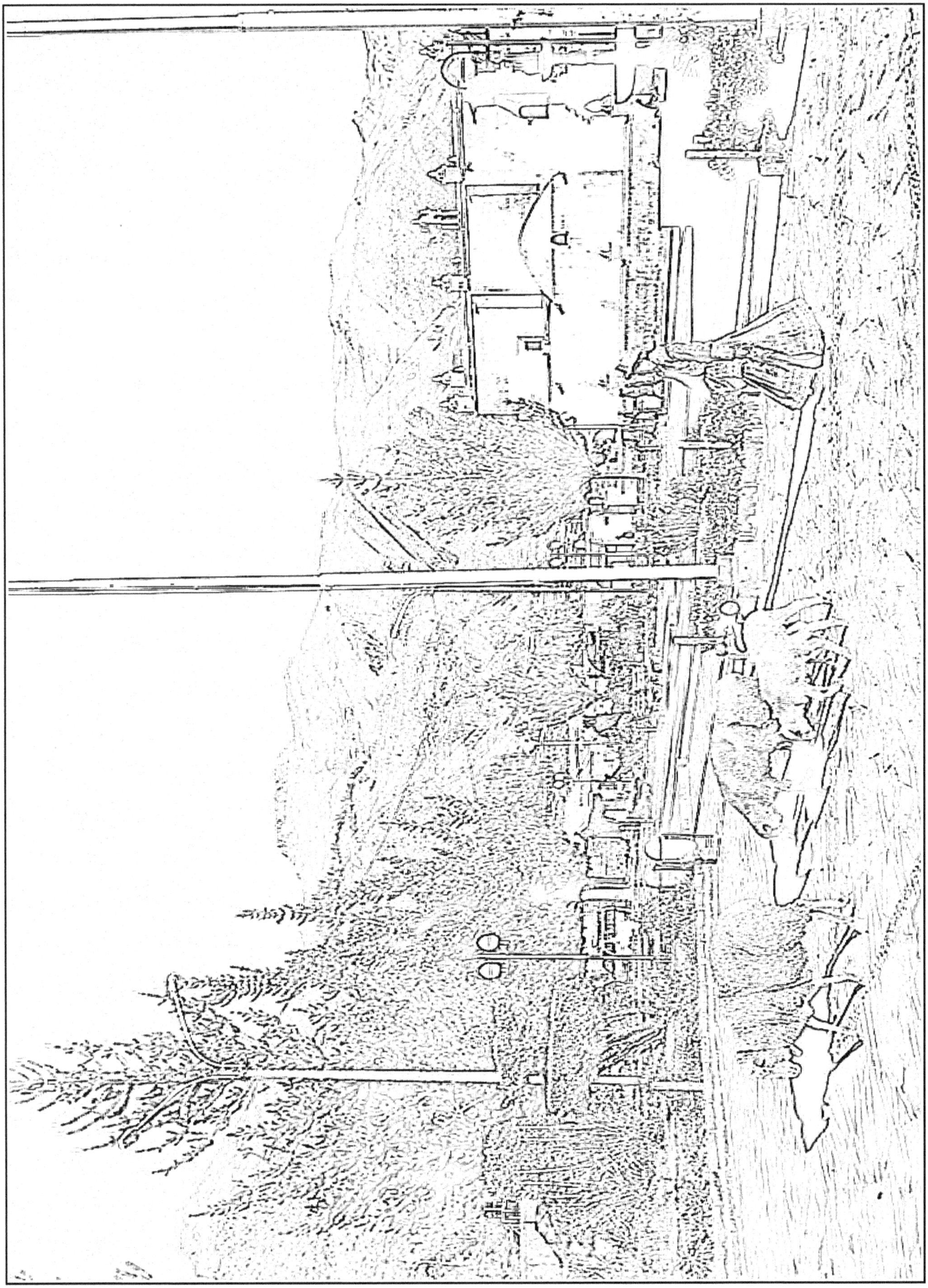

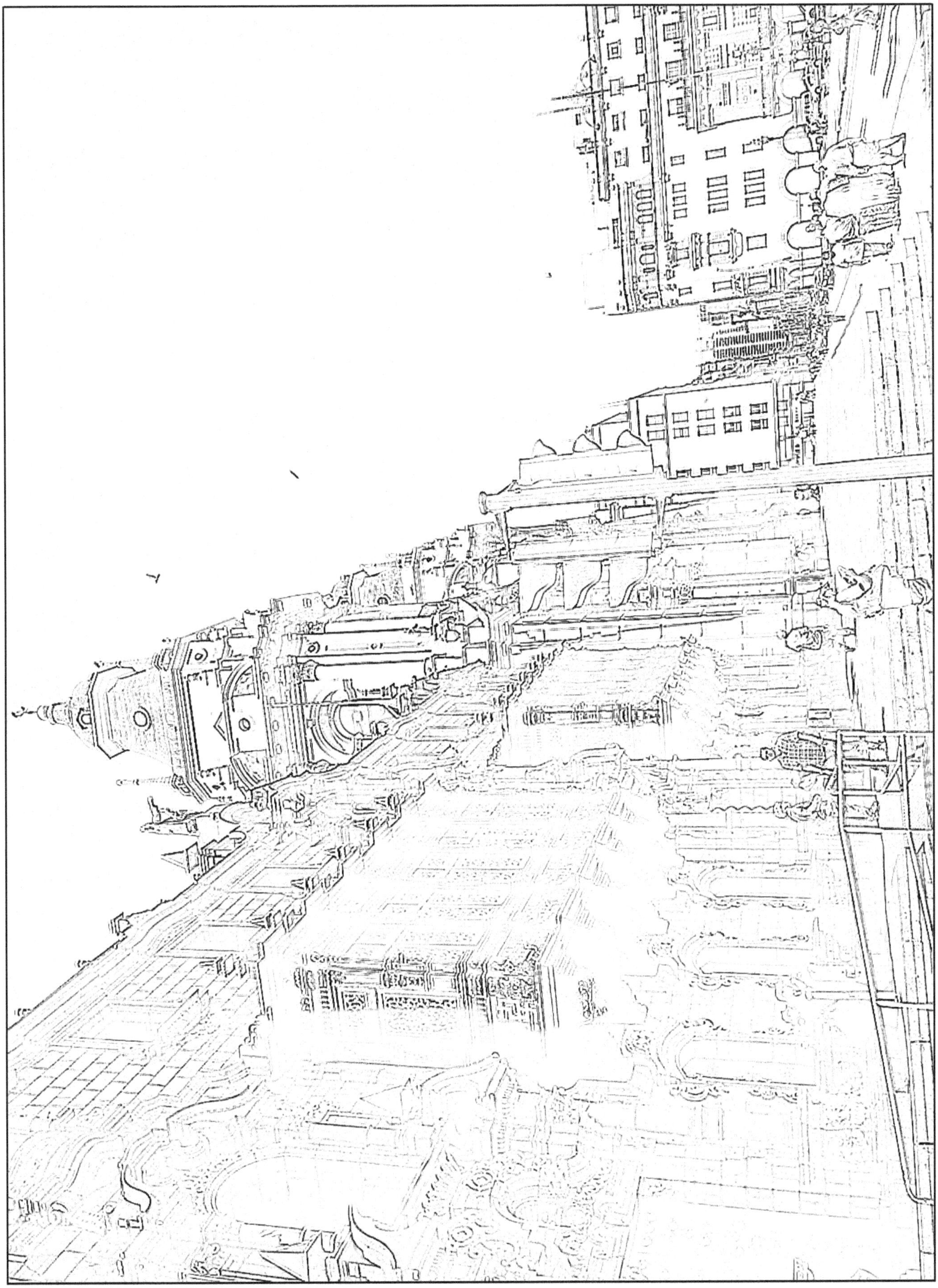

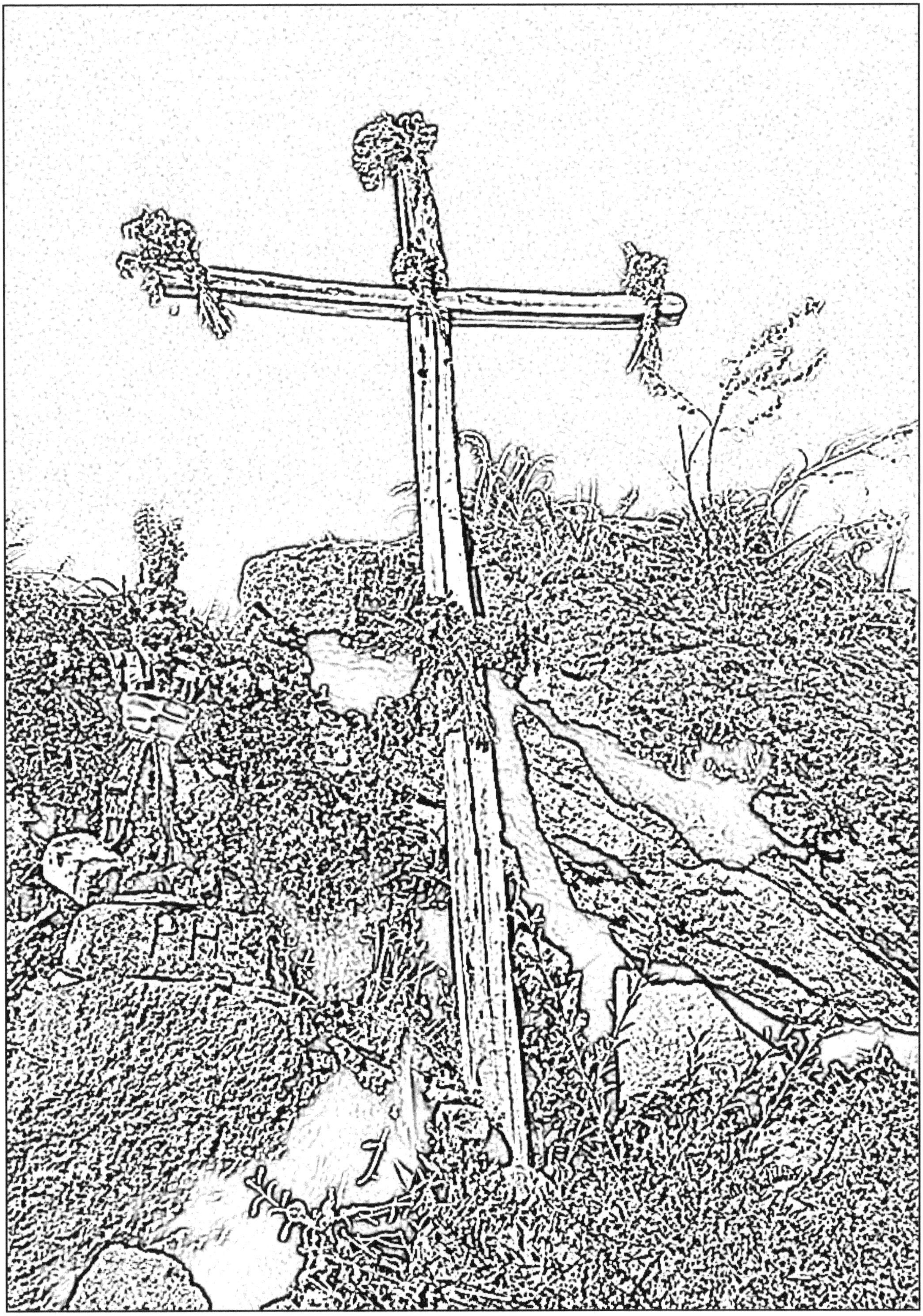

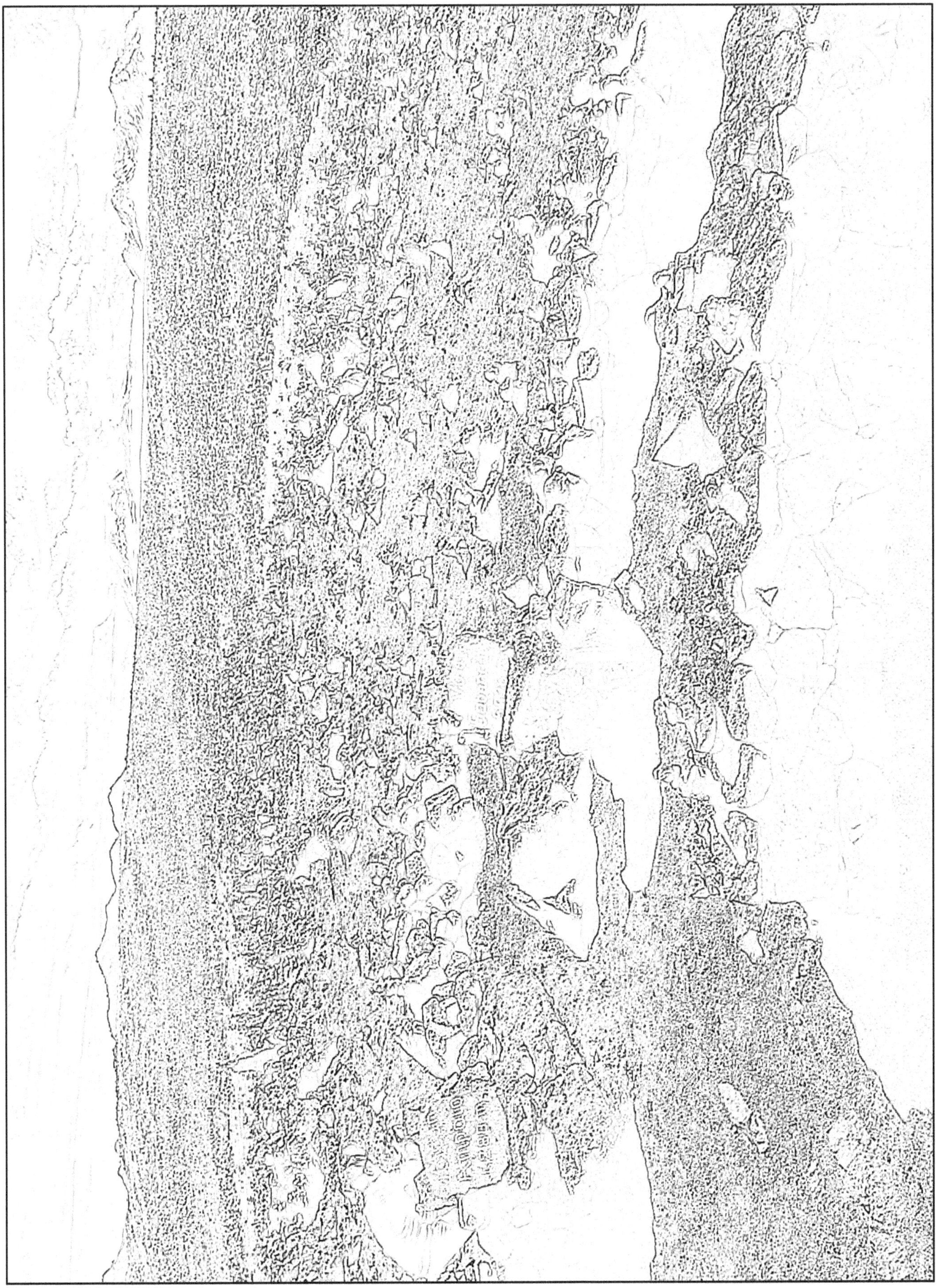

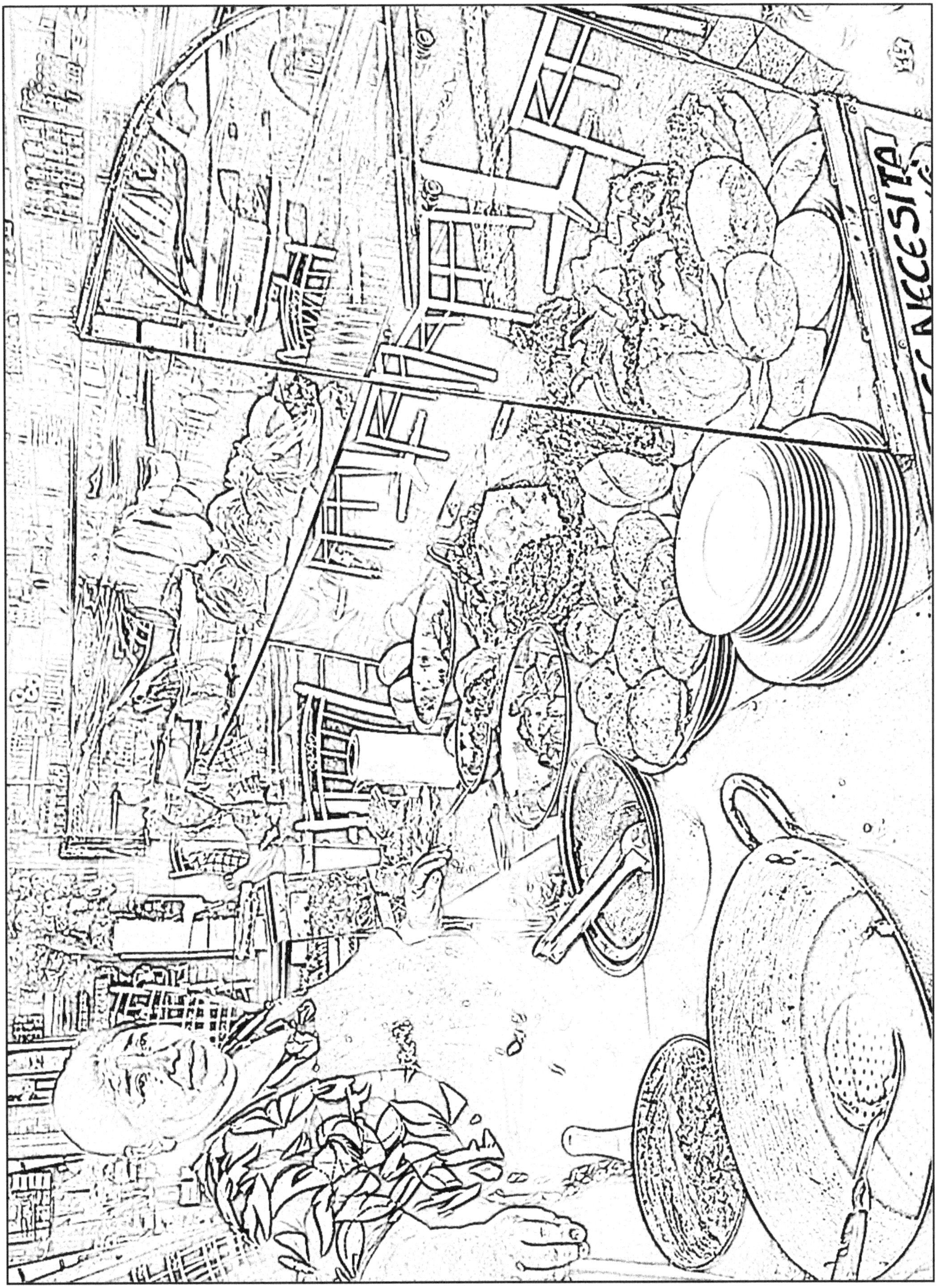
NECCESITA

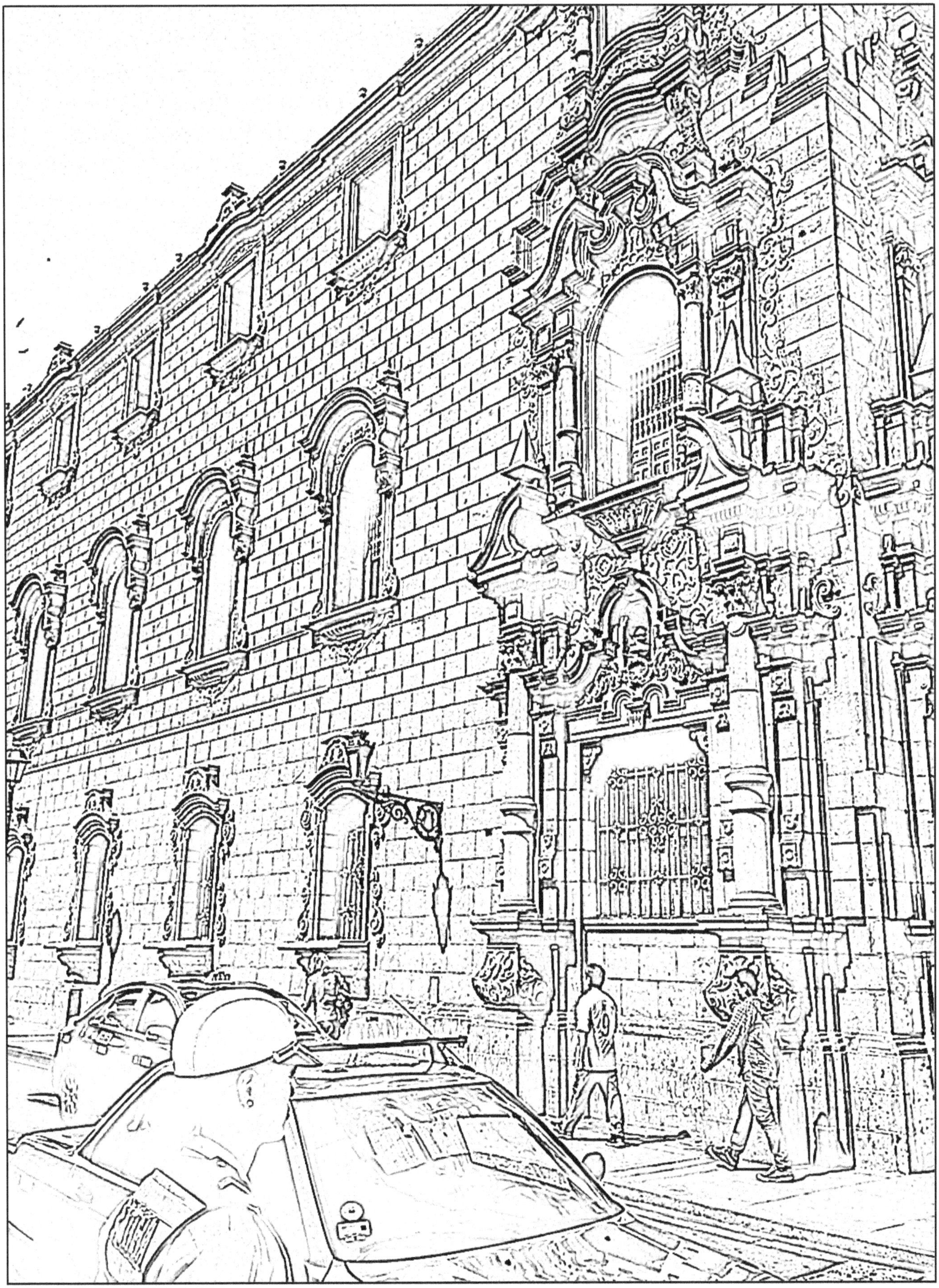

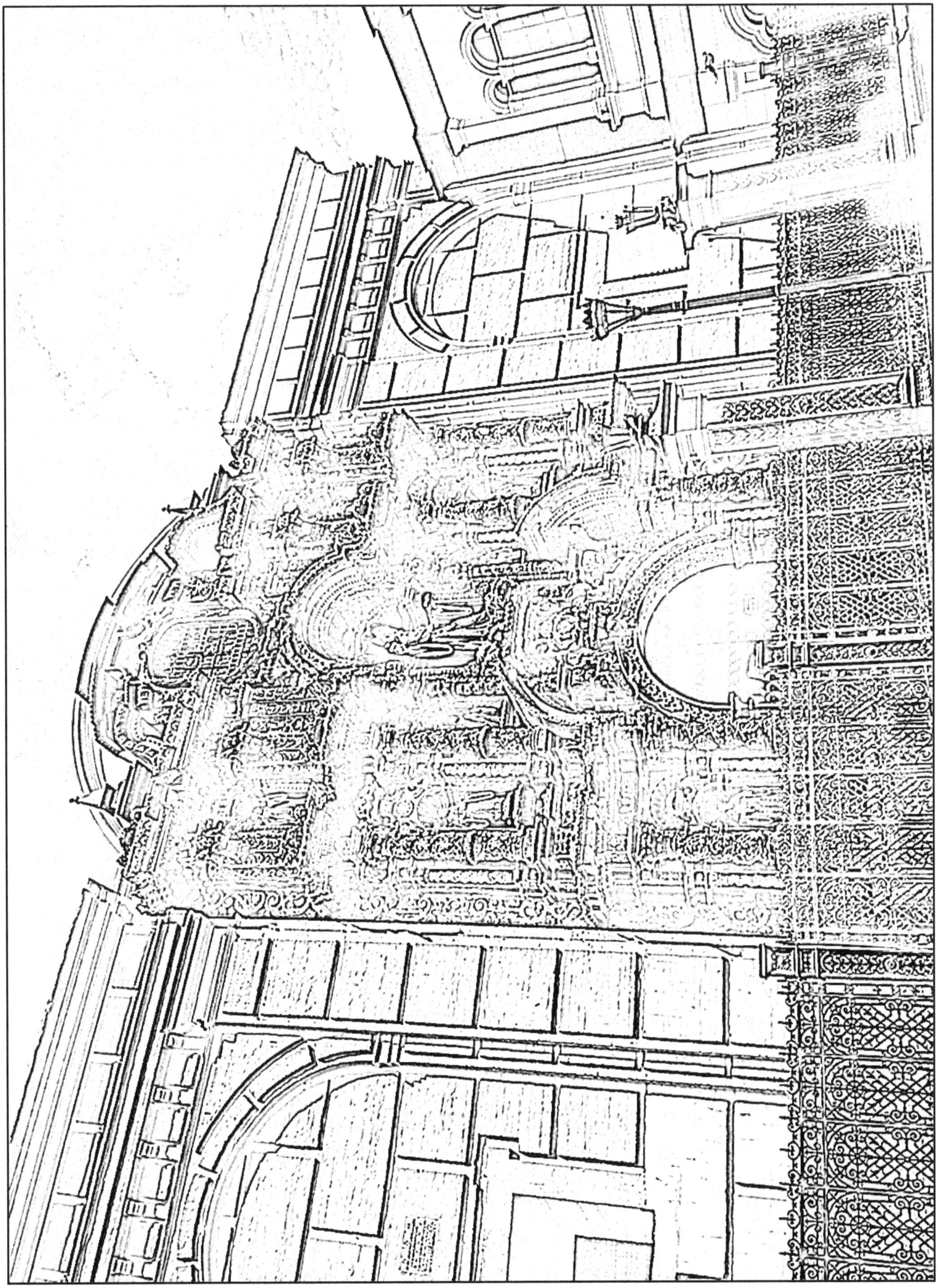

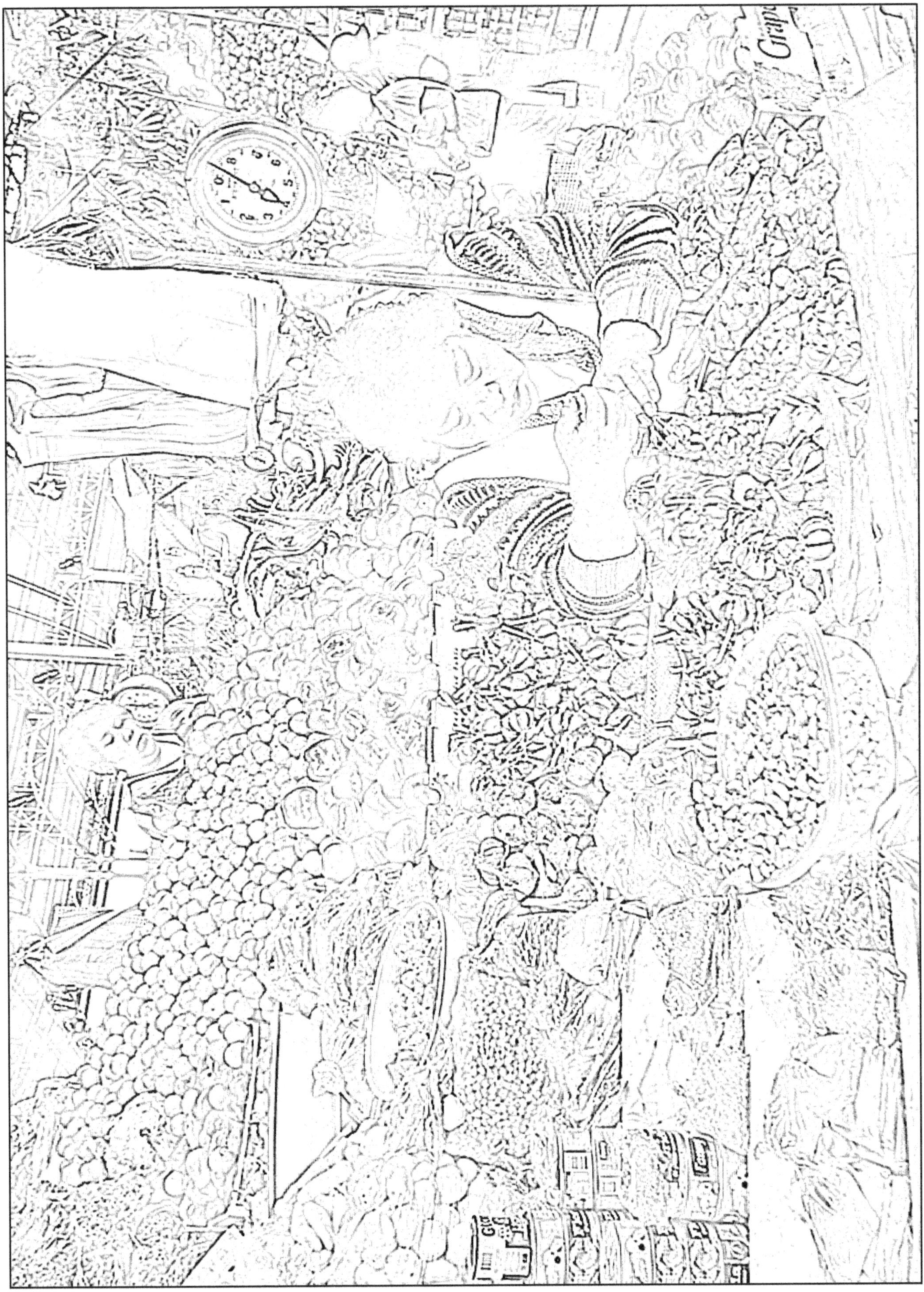

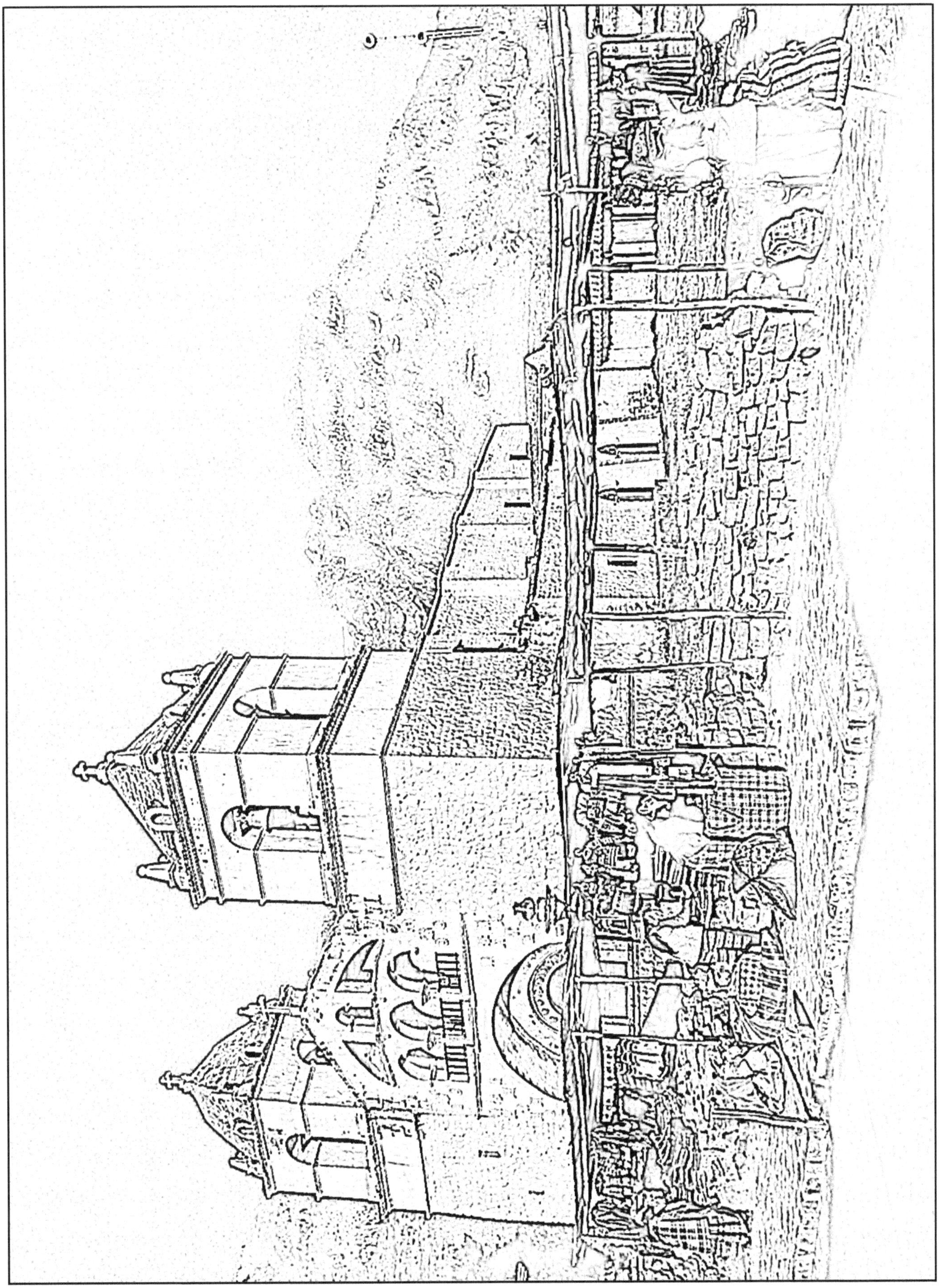

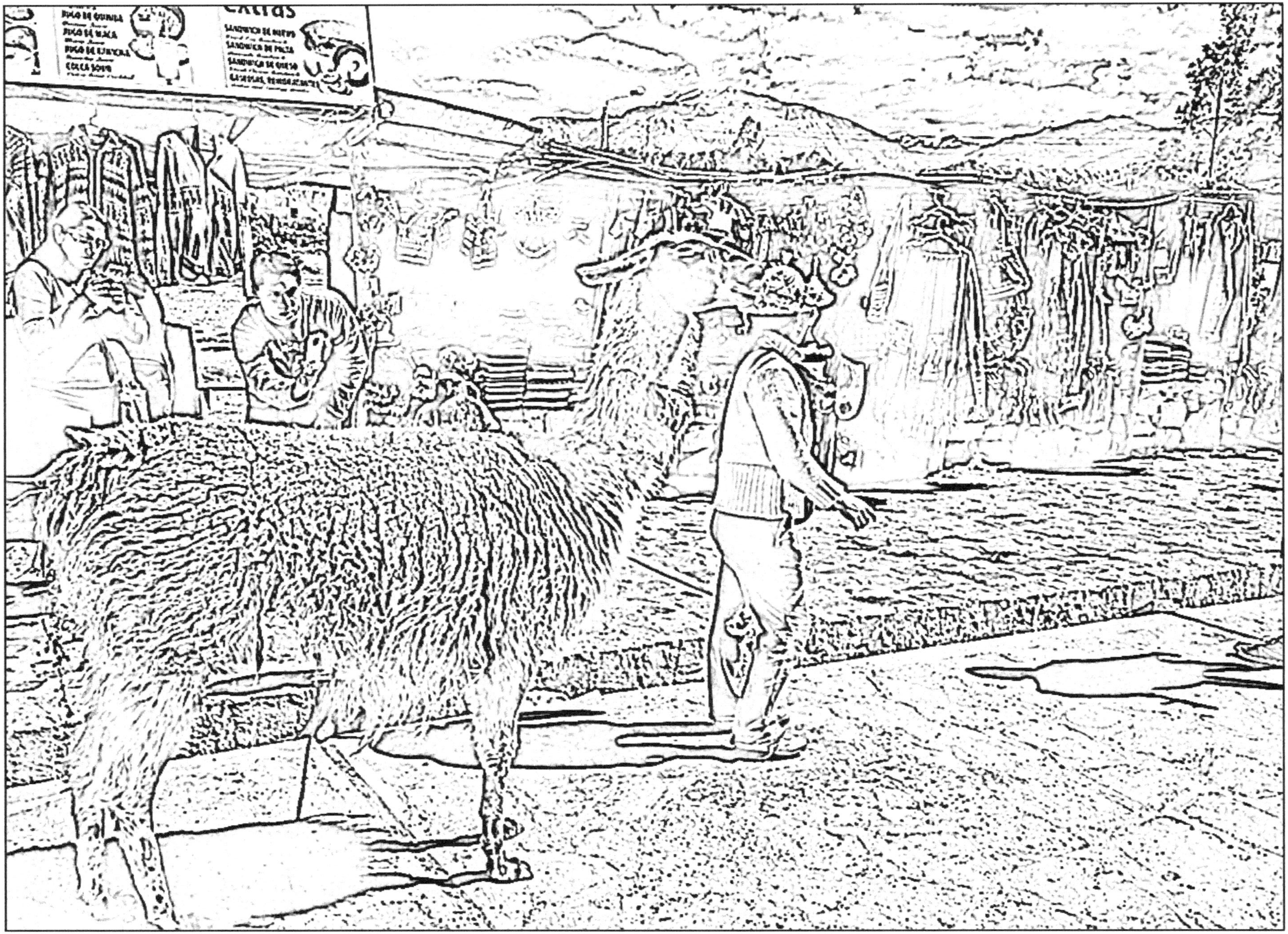

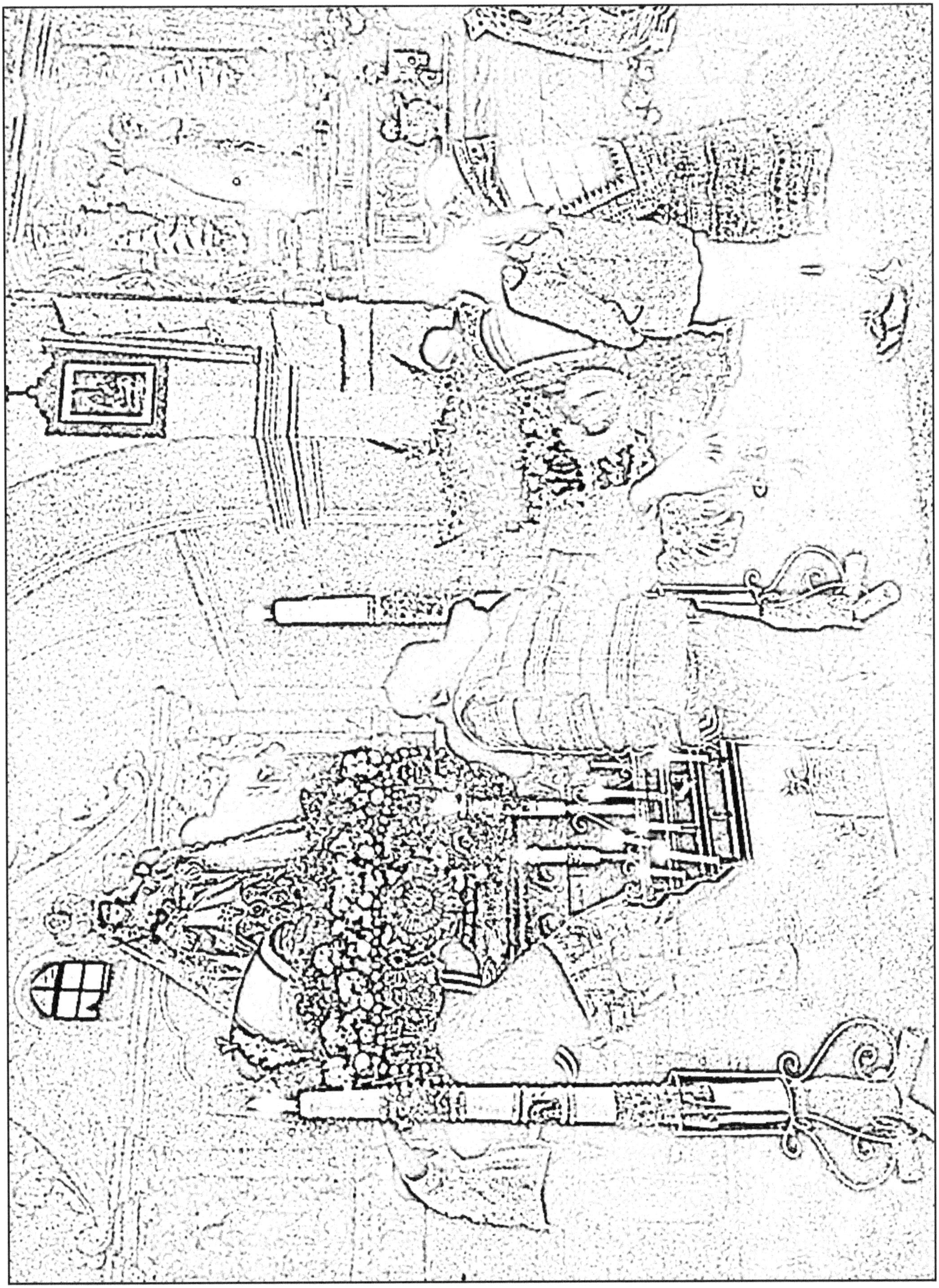

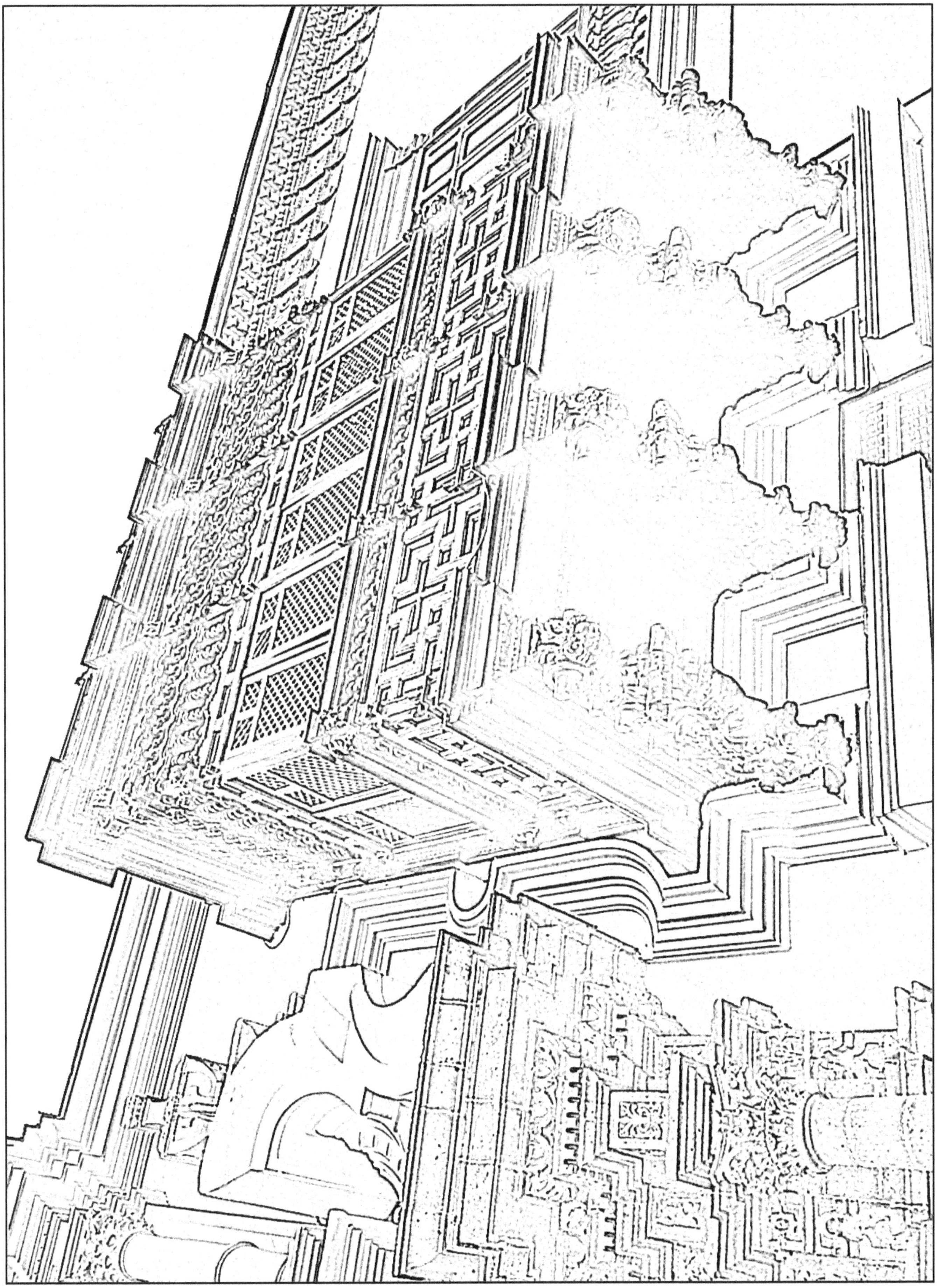

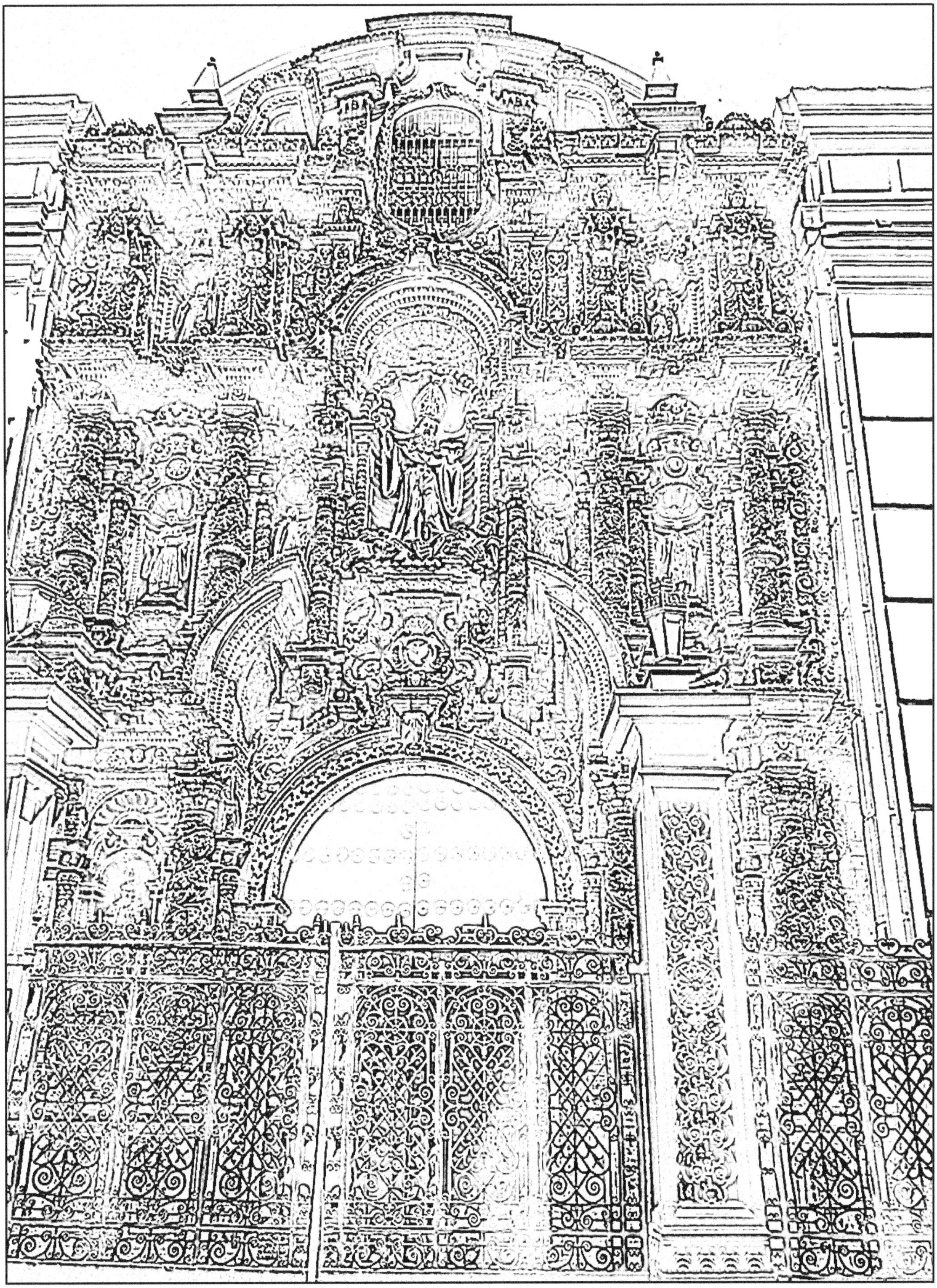

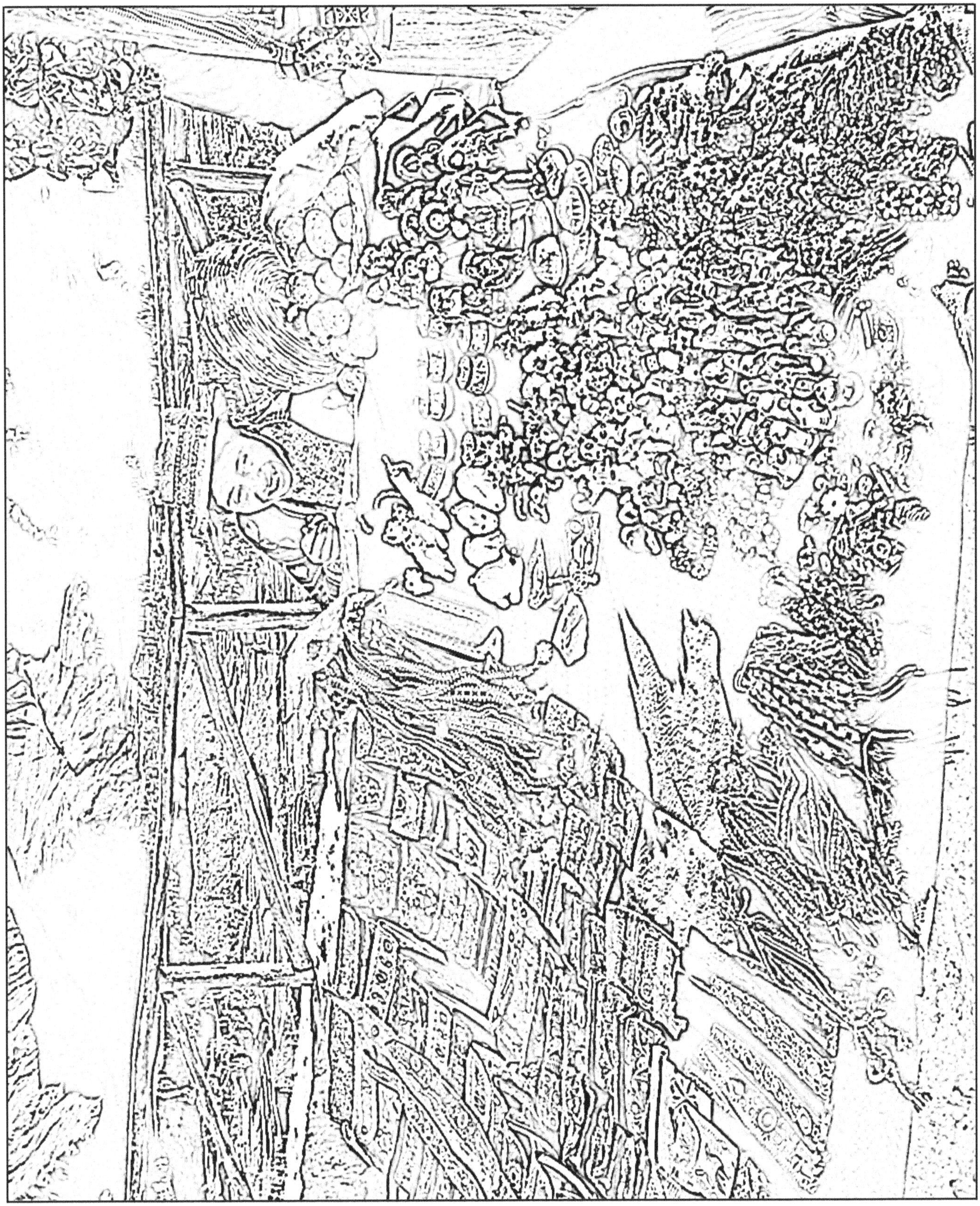

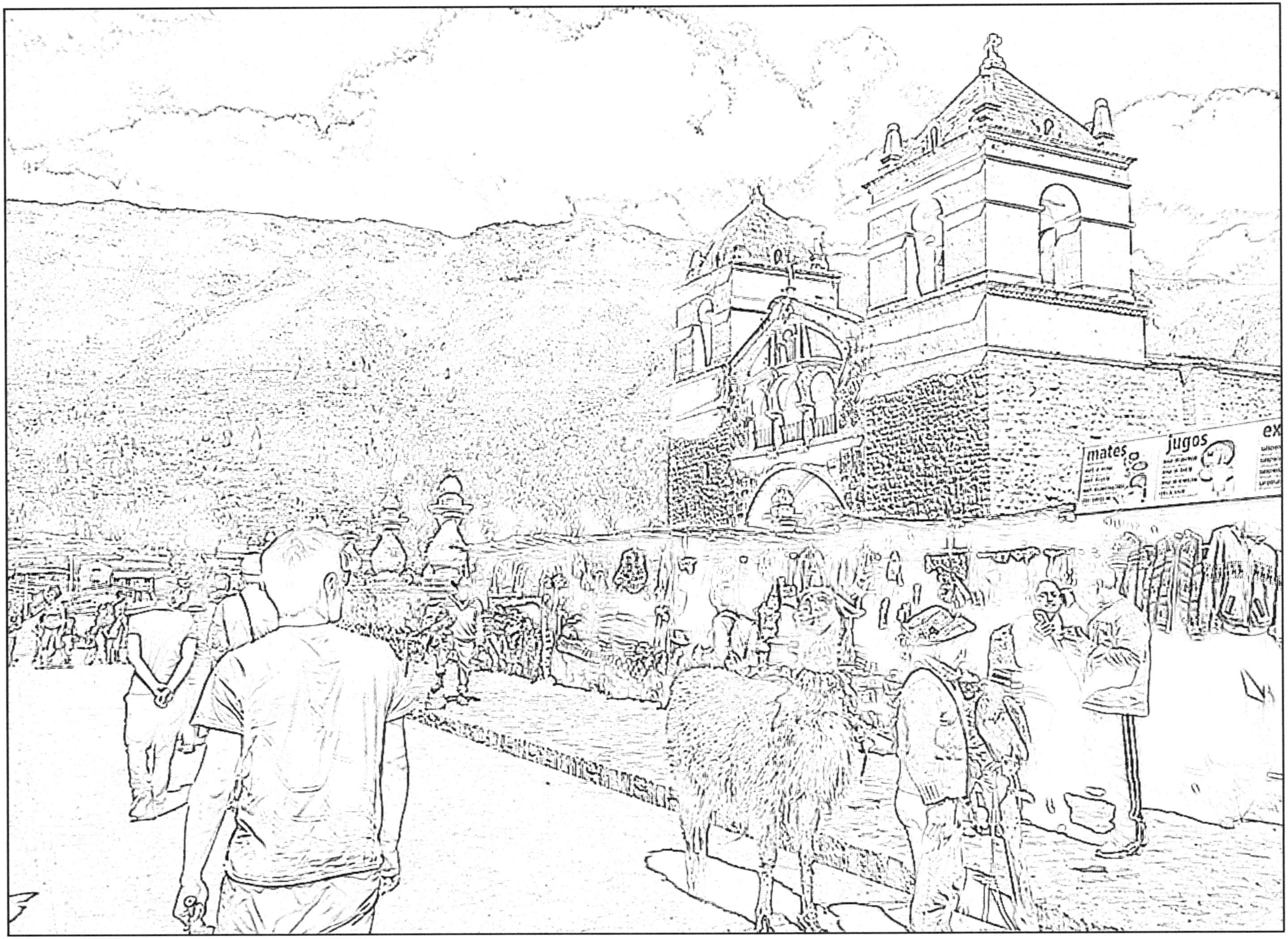
mates
jugos

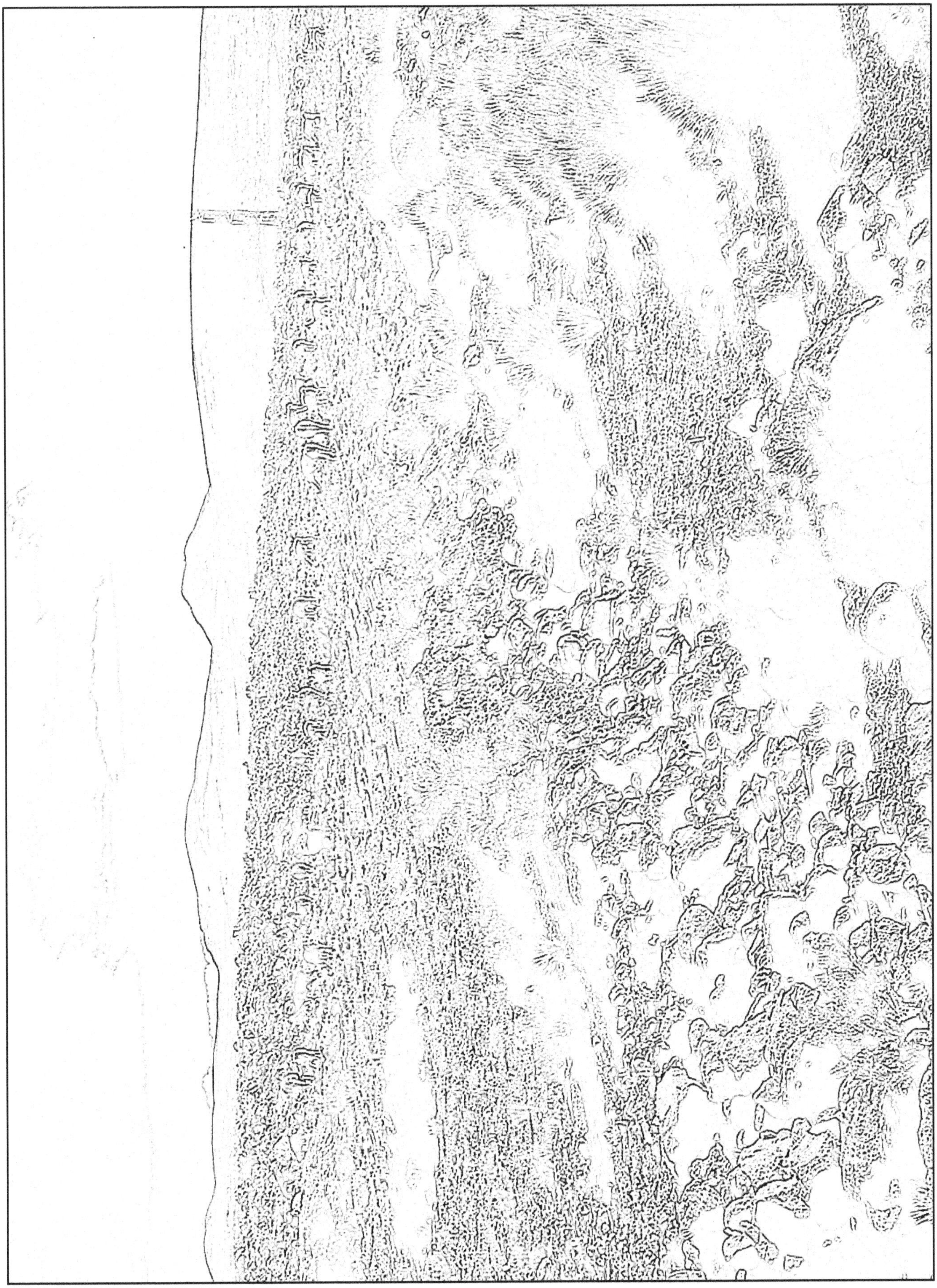

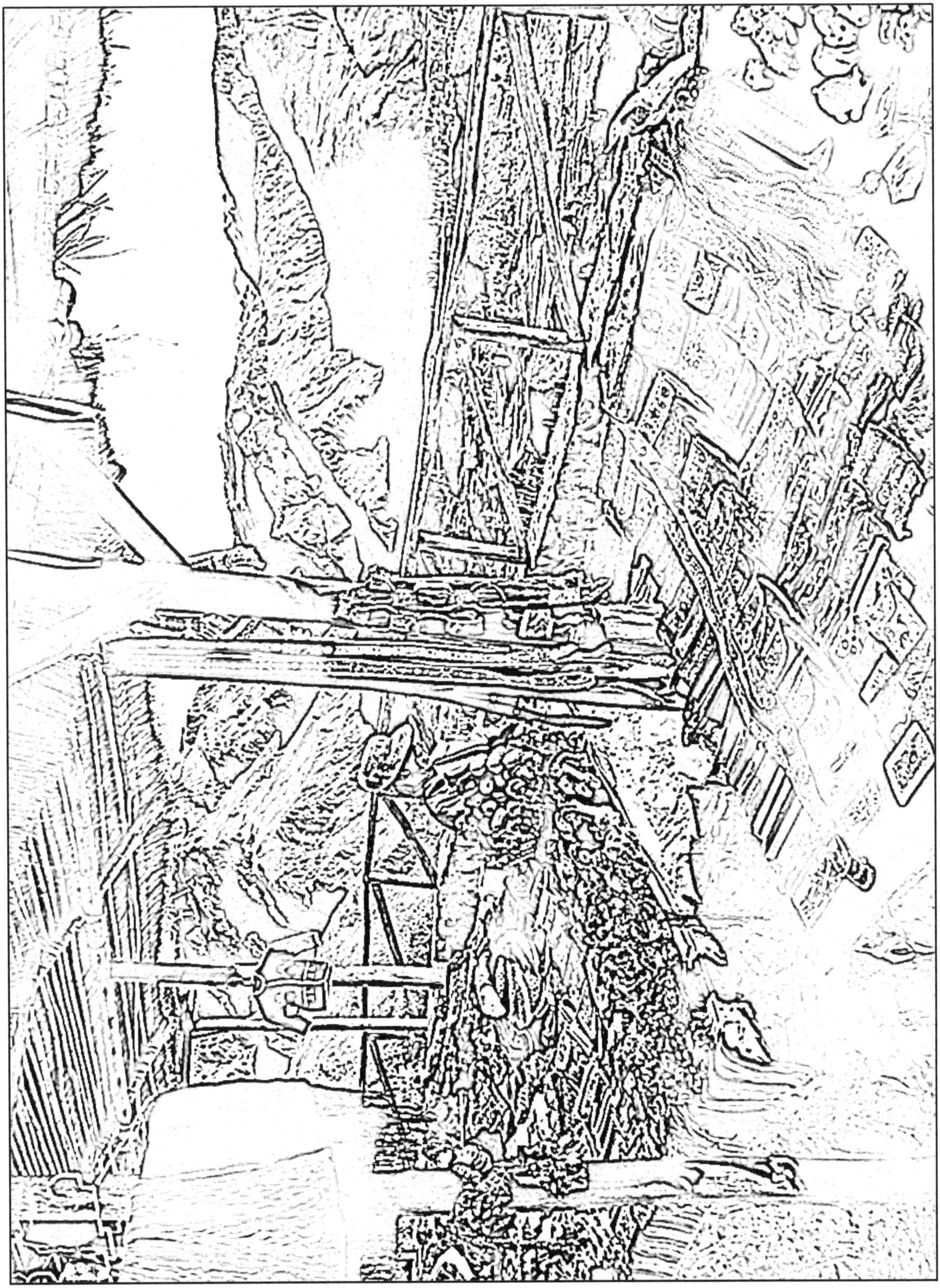

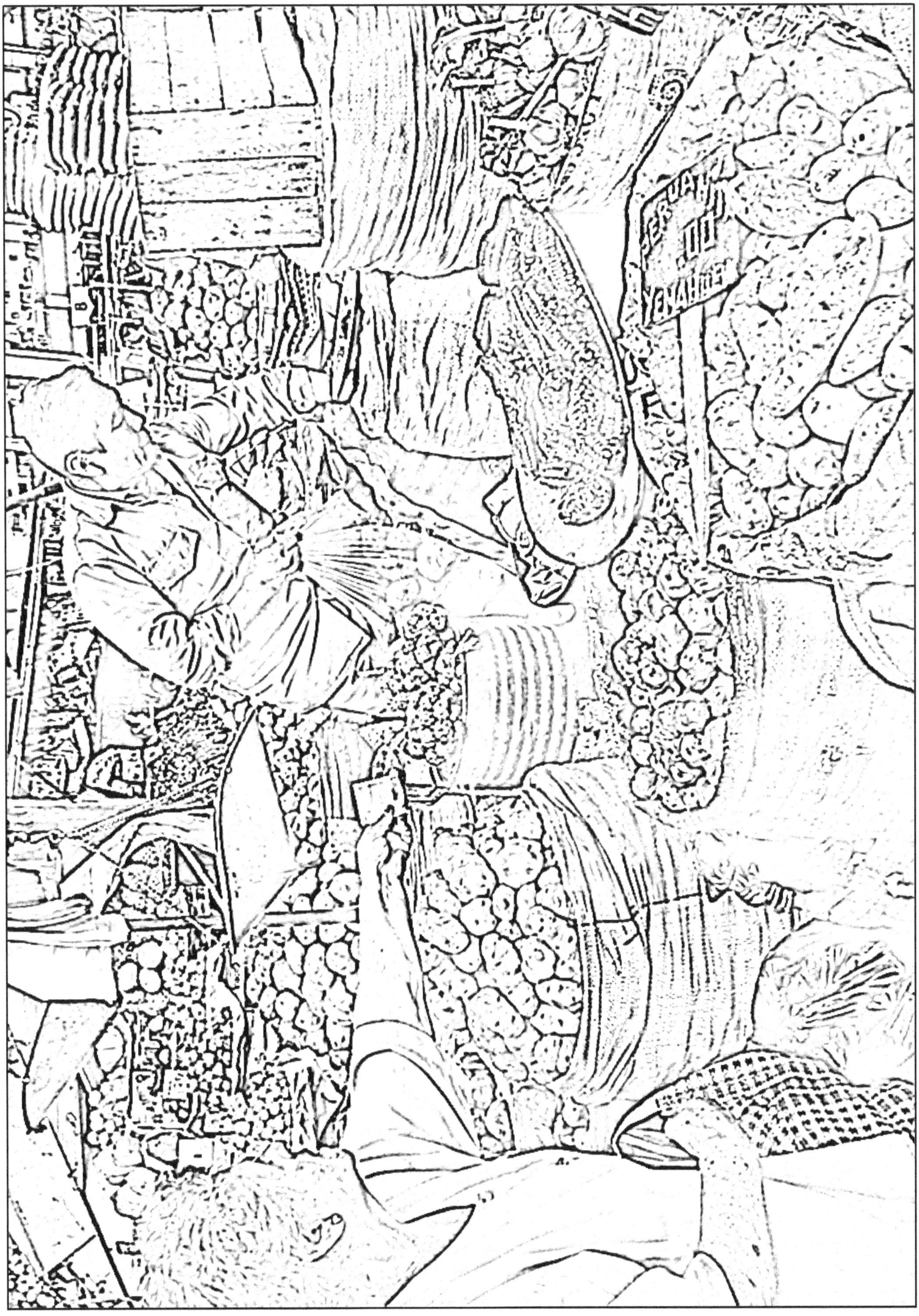

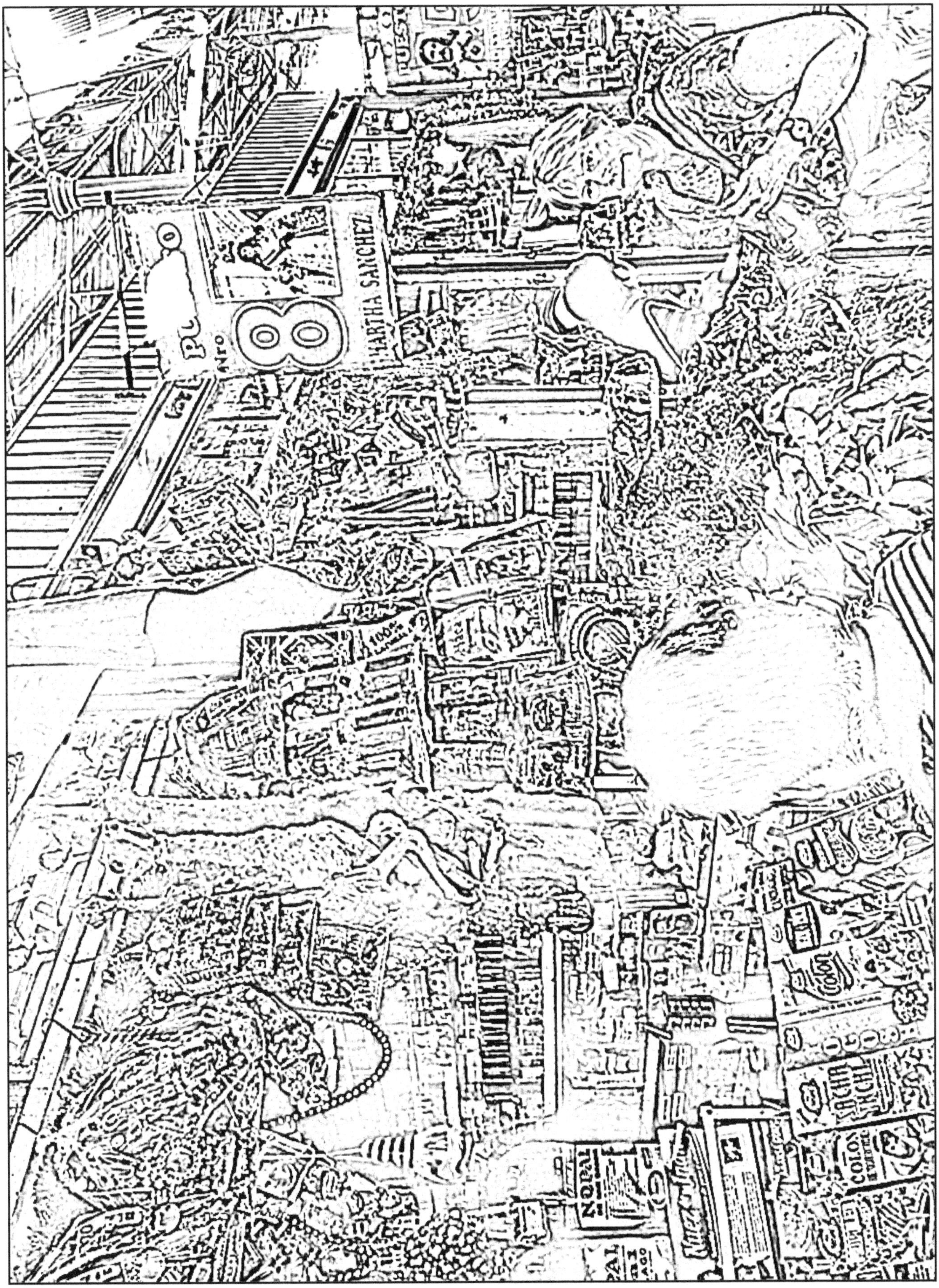
MARTHA SANCHEZ

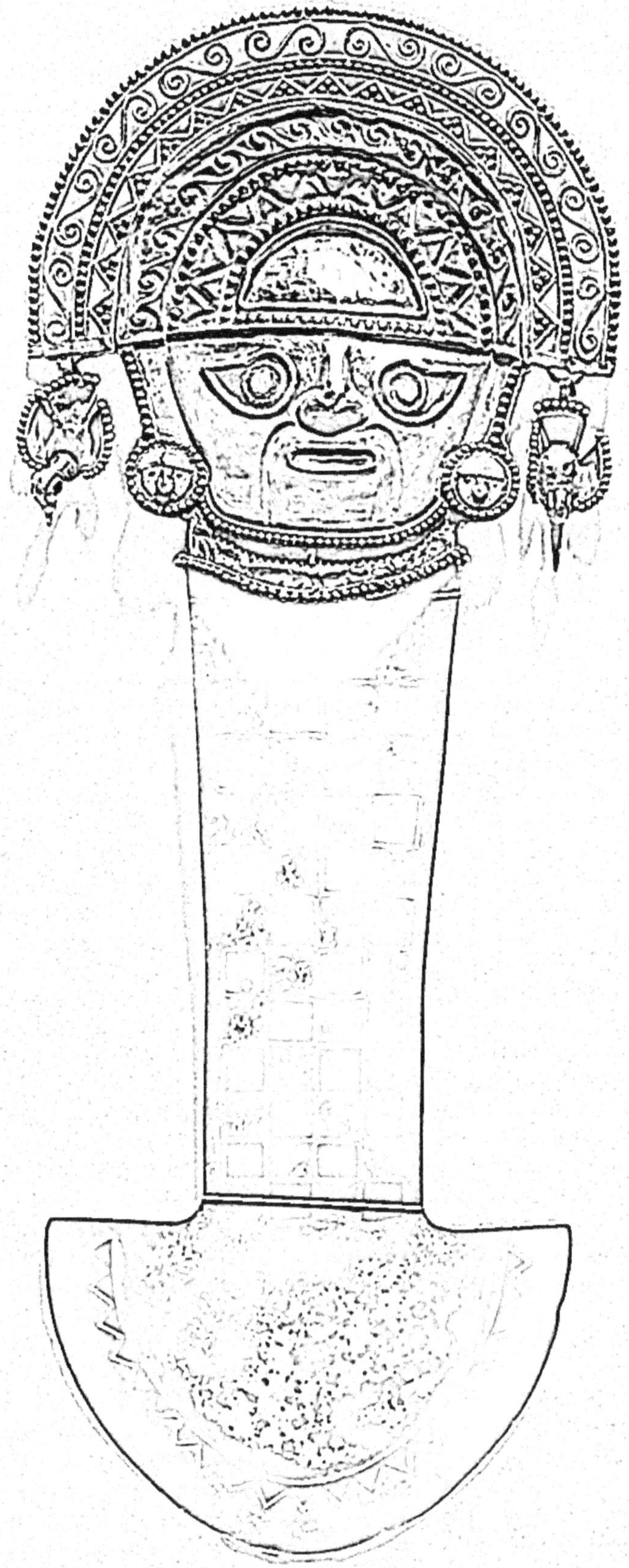

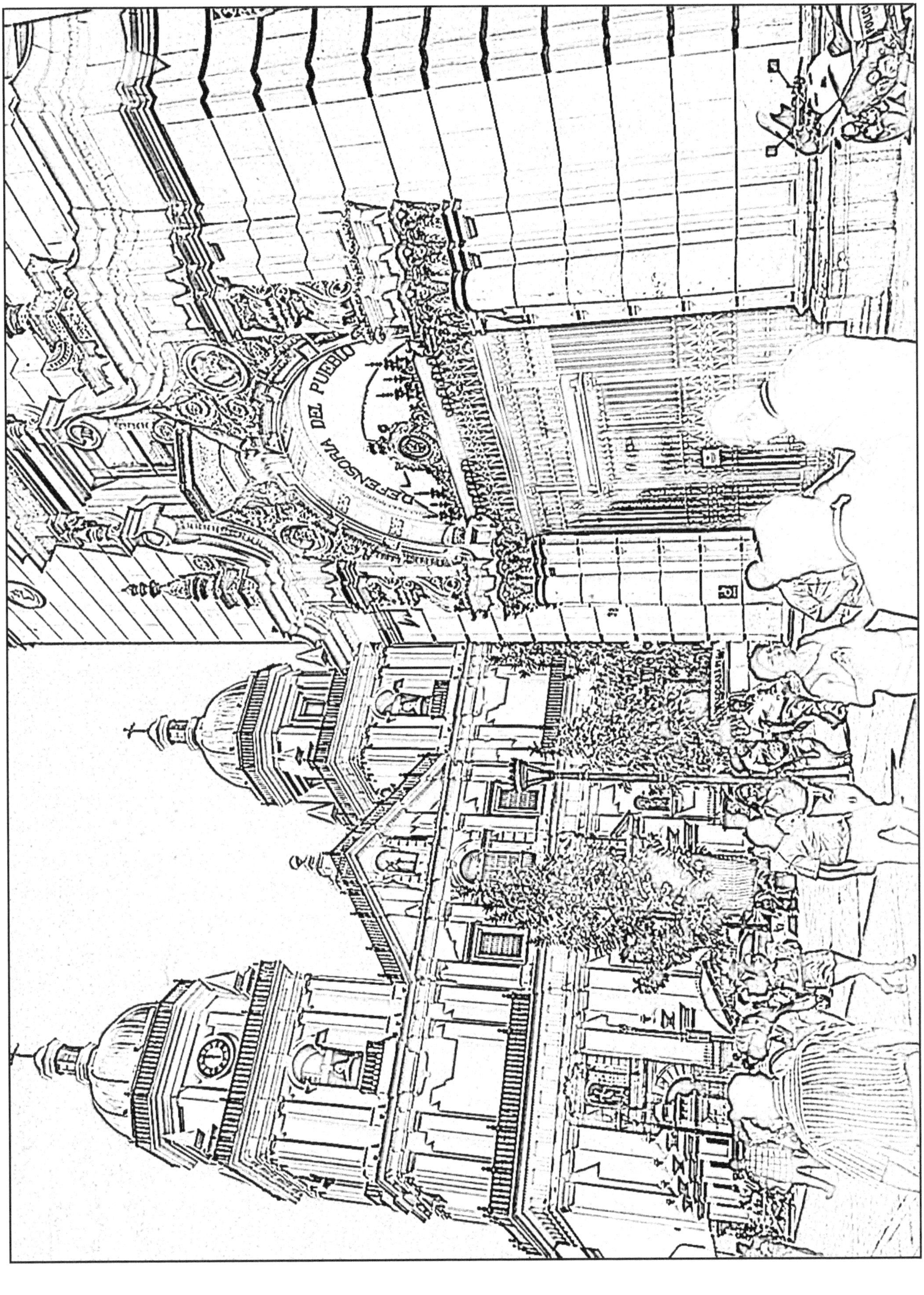
DEFENSORIA DEL PUEBLO

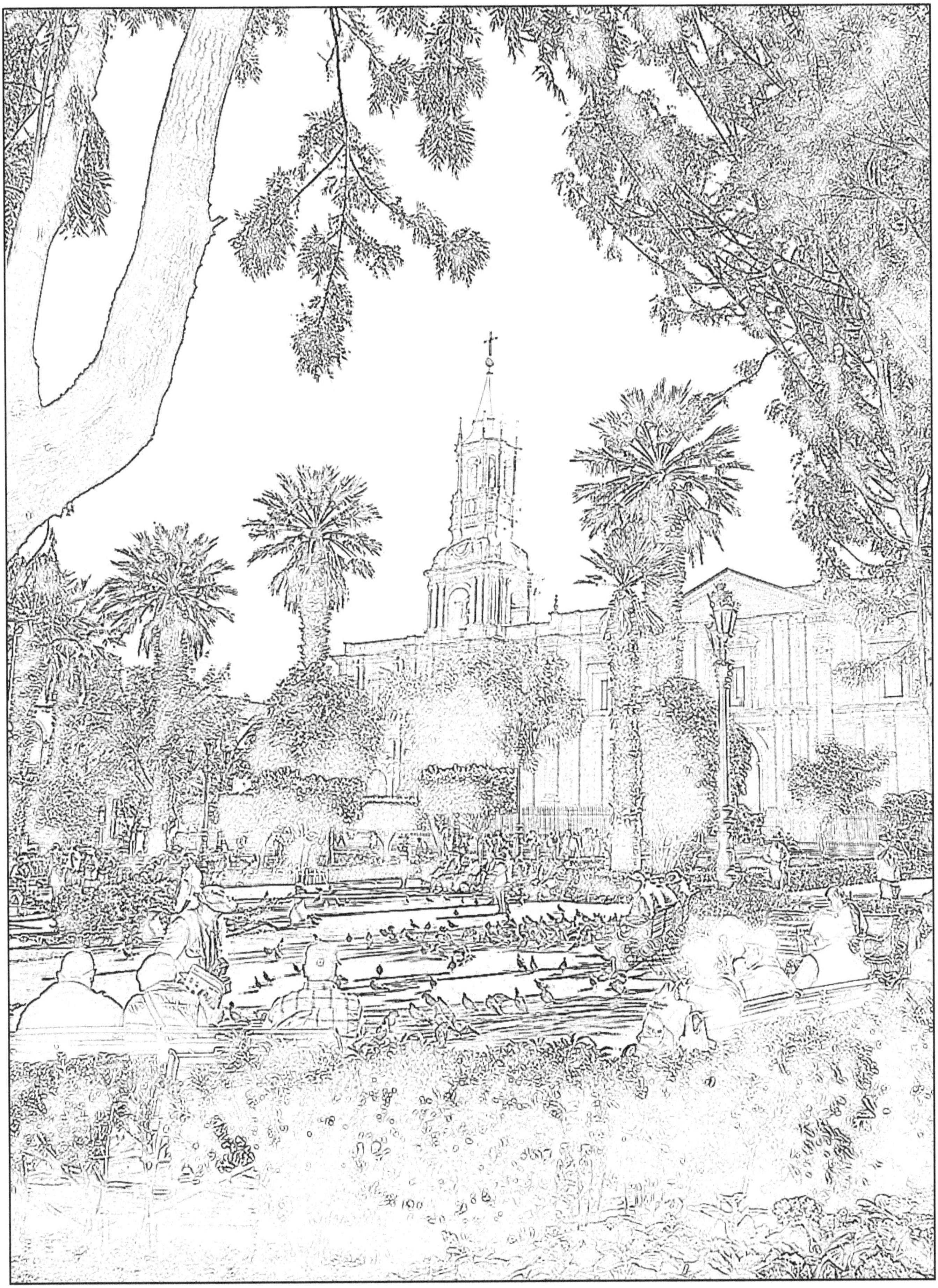

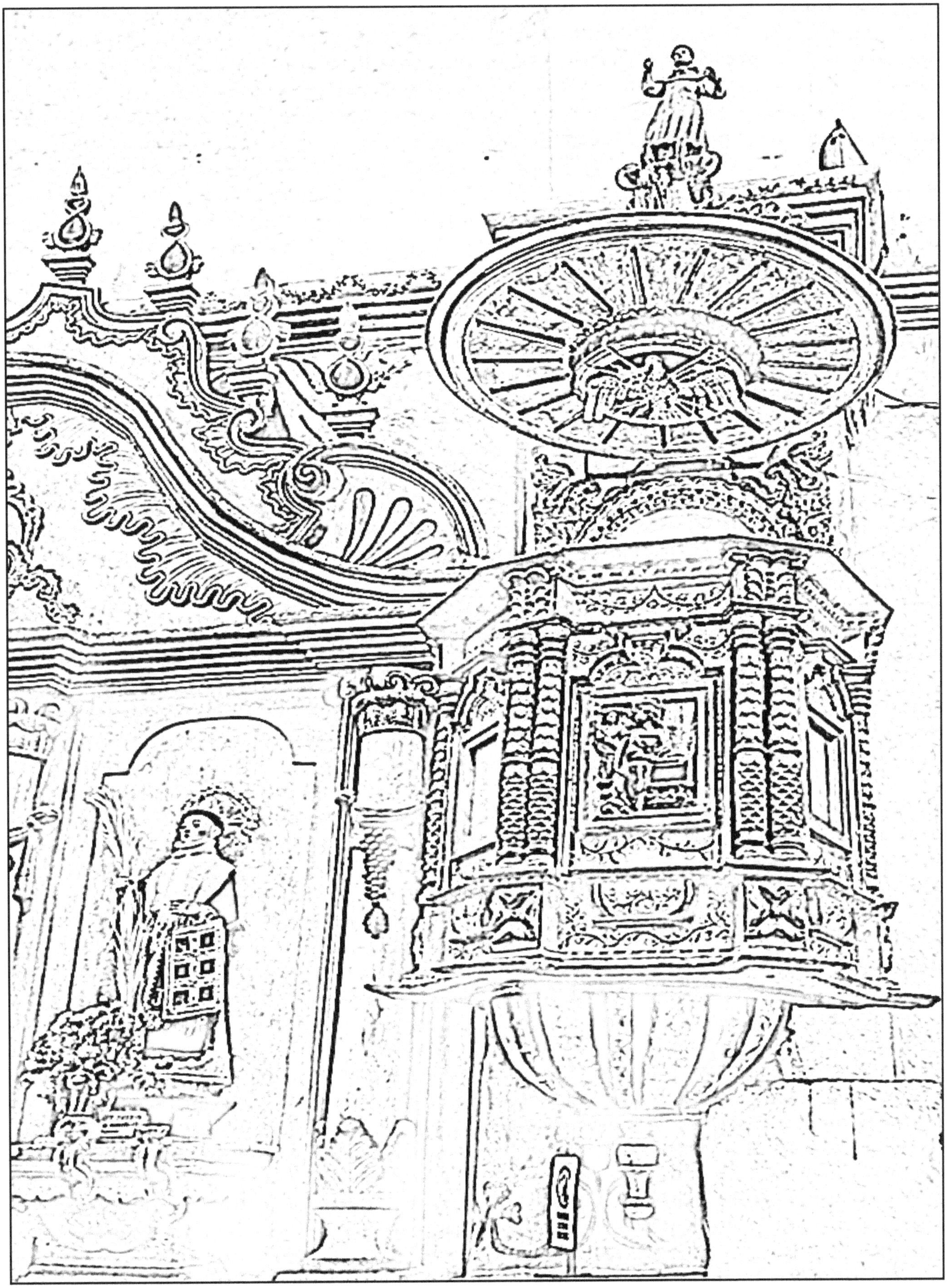

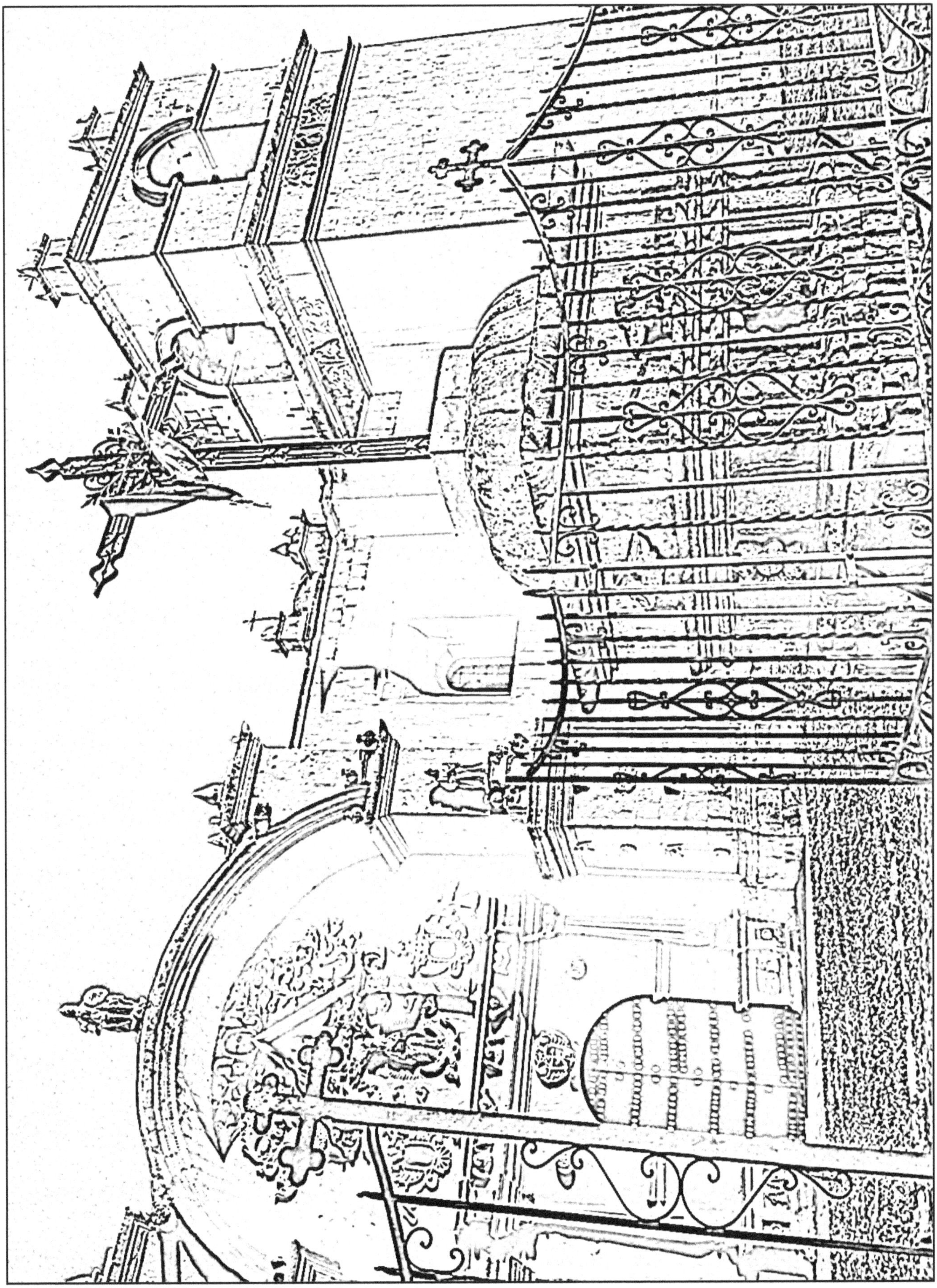

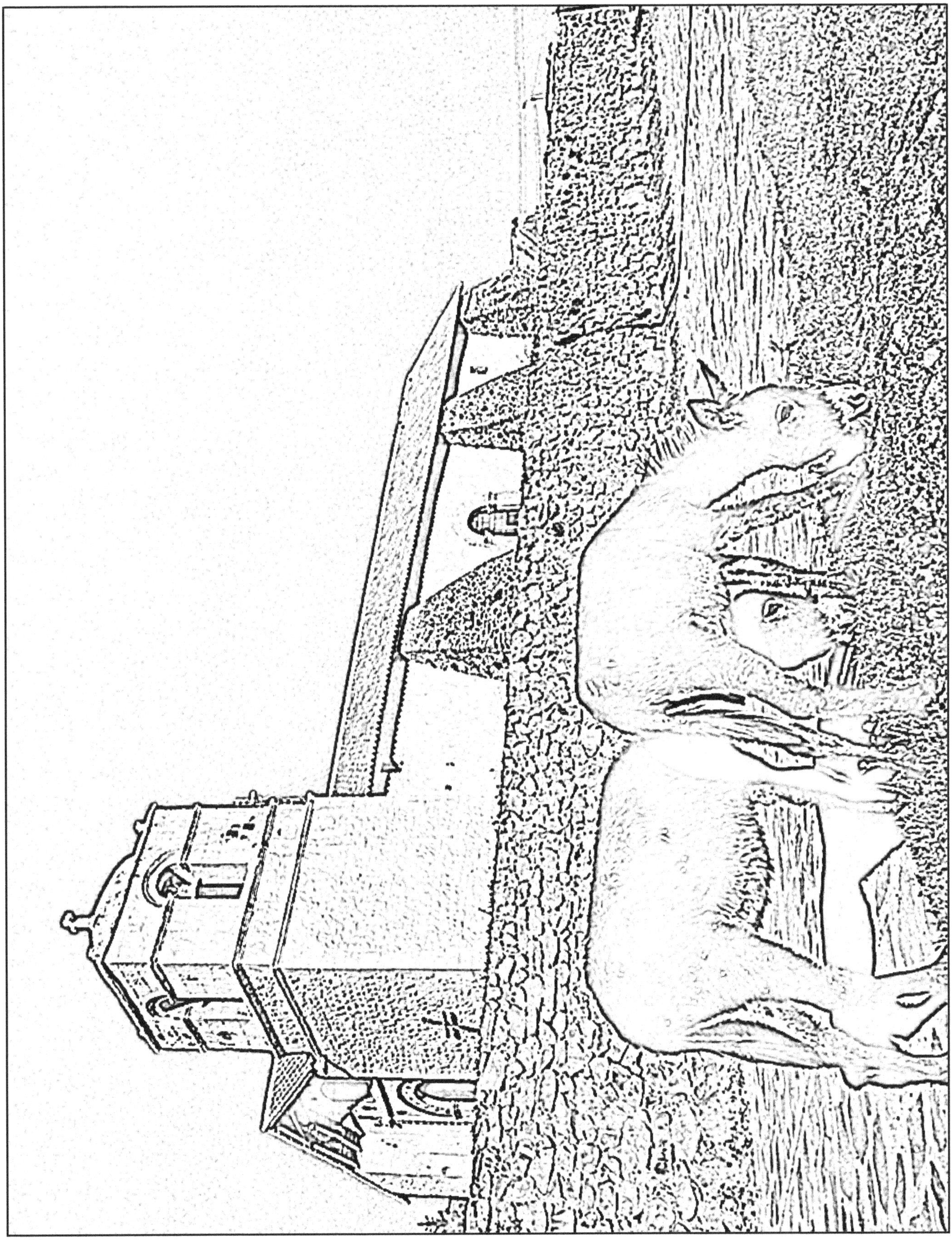

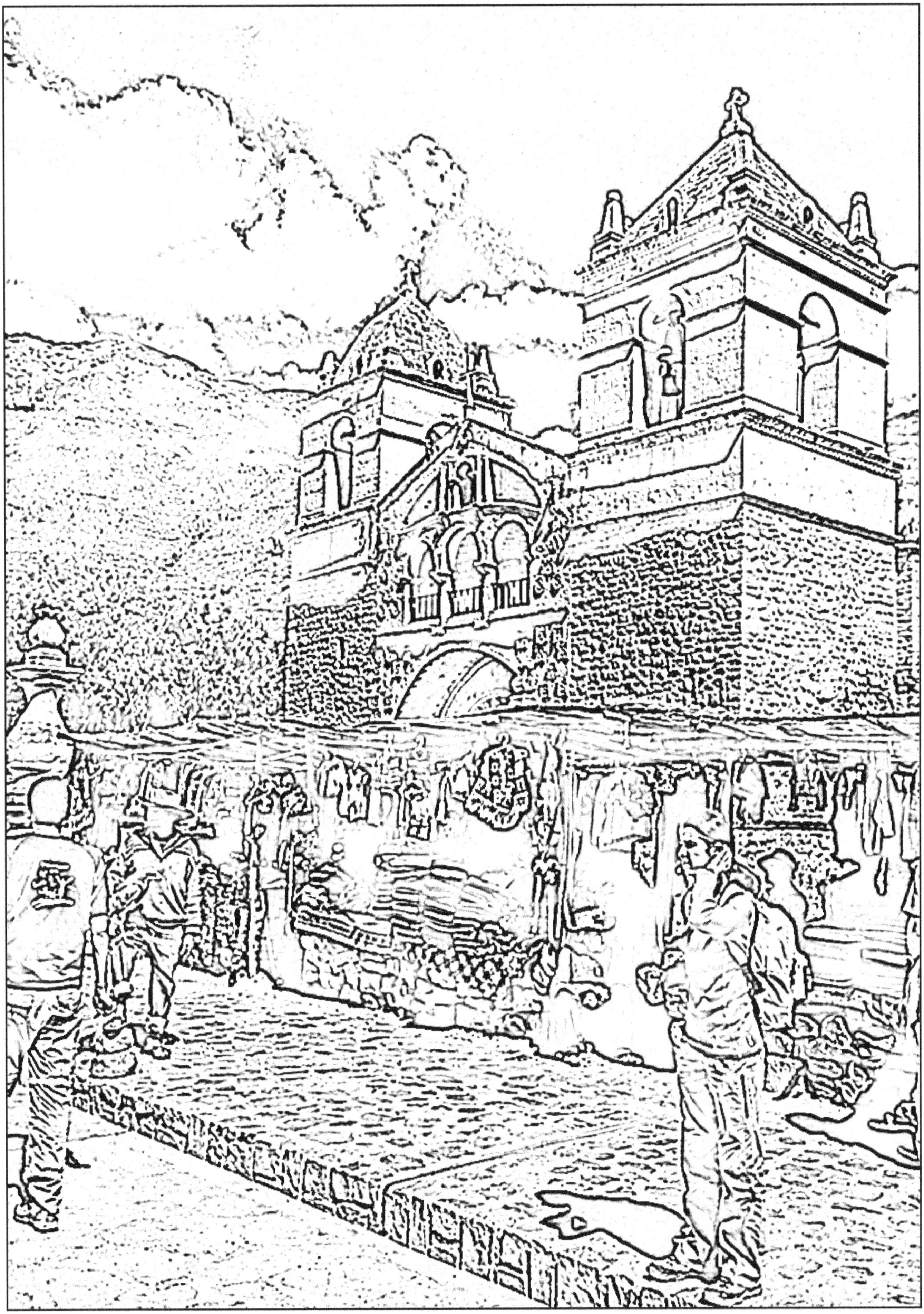

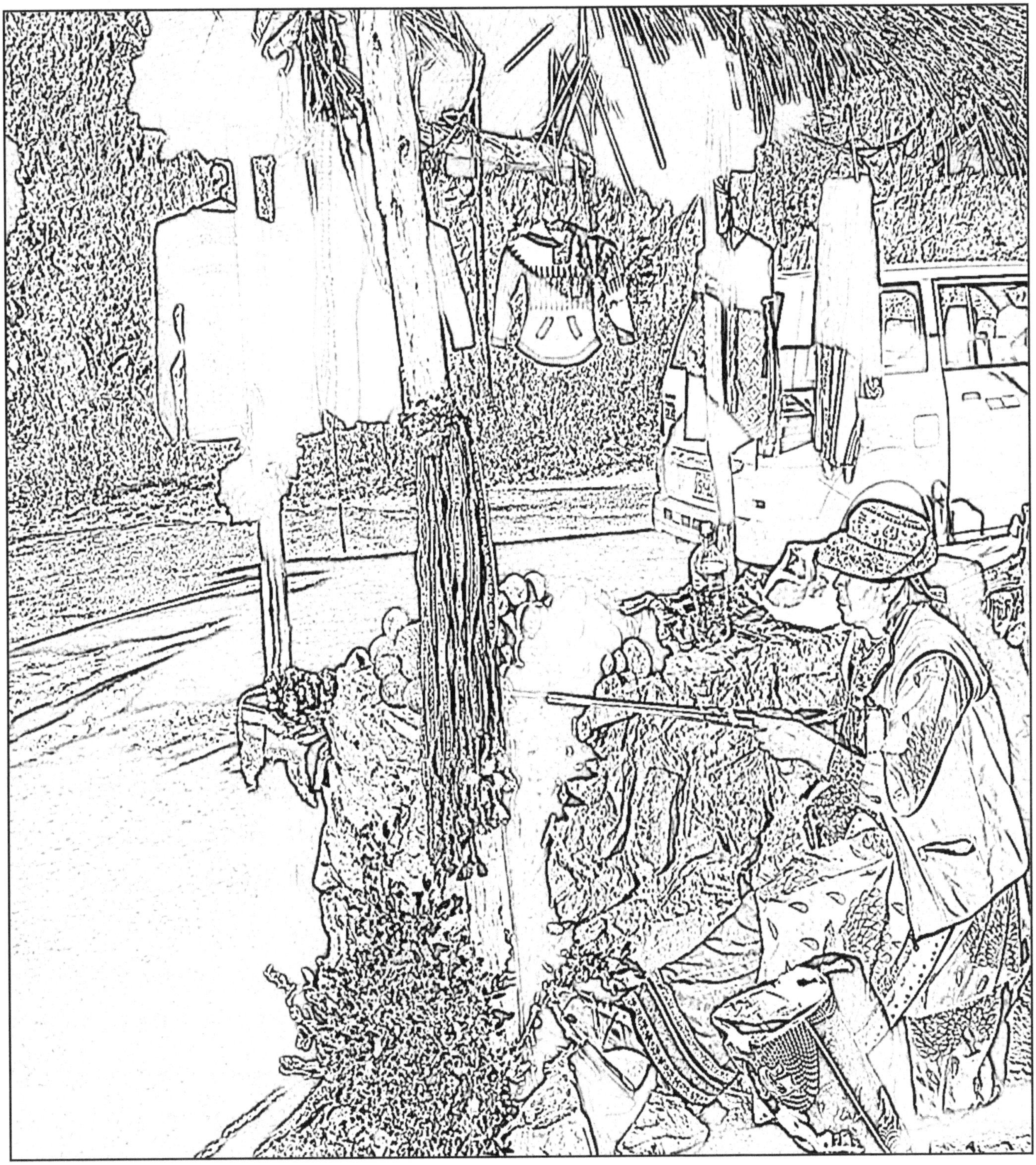

www.ingramcontent.com/pod-product-compliance
Lightning Source LLC
Chambersburg PA
CBHW080604180526
45168CB00007B/2776
* 9 7 8 1 5 1 5 3 2 9 0 8 4 *